Mein Pony-Mitmachbuch

Ausgedacht und geschrieben von Corinna Wieja.
Gemalt von Nataša Kaiser.

Dieses Buch gehört:

CARLSEN

Herzlich willkommen!

Wie schön, dass du hier bist! Ich freue mich pferdig darüber. Bei uns ist immer etwas los. Ich bin übrigens Wuschel und ich begleite dich durch dieses Buch. Auf unserem Ponyhof gibt es viel zu entdecken, z. B. knifflige Rätsel, kreative Bastelideen, Pferdewissen von der Wissensmöhre, Ausmalbilder, Spiele und vieles mehr. Was dich auf den Seiten jeweils erwartet, erkennst du ganz leicht an den Symbolen.

Mit Ponys und Pferden kann man prima an Turnieren teilnehmen. Die Gewinner und Gewinnerinnen erhalten dafür Schleifen oder Rosetten und Urkunden. Am Ende dieses Buches erhältst auch du deine ganz persönliche Urkunde.

Pst. Ich hab einen superdupergeheimen Tipp für dich: Du musst nicht Seite für Seite durchgehen. Tob dich aus wie ein junges Fohlen und blättere mal hierhin und mal dorthin. Je nachdem, worauf du Lust hast. Male, kniffele, knobele und bastele im und mit dem Buch und mach es so zu deinem ganz einzigartigen Pferde-Pony-Spiel-und-Erlebnis-Abenteuer.

Viel Spaß dabei!

Was du in diesem Buch entdecken kannst:

 Mal- und Mandalaseiten – zum Weitermalen und Ausmalen

 Bastelideen und Spiele – zum Ausschneiden, Basteln und Spaßhaben

 Rätselseiten und Geschichten: Unterschiede finden, Wege erforschen, Bilder puzzeln und kniffelige Nüsse knacken

 Wissensmöhren – zum Aufknabbern von spannenden Infos

 Daumenkino – lass Wuschel am oberen Rand über die Seiten galoppieren, indem du die Seiten mit dem Daumen schnell durchblätterst

 Lösungsseiten – zum Prüfen, ob du recht hattest

Auch Pferde, Ponys und Esel haben einen Pass. Darin stehen die wichtigsten Informationen zu ihnen, wie Name, Rasse, Impfungen. Hier kannst du deinen Namen und den deines Lieblingskumpels eintragen.

Mein Name: _____

Wenn ich ein Pferd oder ein Pony hätte, hieße es/
Wenn ich ein Pferd oder ein Pony wäre, hieße ich:

_____

Rasse: _____

Fellfarbe/Haarfarbe: _____

Form der Blesse

Geburtstag: _____

zum Wiehern:

Stehen ein Shetland-Pony und ein Haflinger auf der Weide. Sagt das Shetland-Pony: „Ich bin übrigens Rosa." Antwortet der Haflinger: „Ach, und ich dachte, dein Fell wäre weiß."

Eins, zwei, drei

Wuschels Freundin Lilly hat angefangen, ein Bild zu malen. Doch sie ist nicht ganz fertig geworden. Kannst du ihr helfen und die Zahlen verbinden?

 Rätselgeschichte:

„Hui, hier ist aber viel los!" Lilly schaut sich neugierig um. Bunte  flattern im  und es riecht nach Heu und Sommer. Kleine und große mischen sich unter  .

„Sind die die Kinder von den großen Pferden?", fragt Piet, Lillys kleiner Bruder. Er schleckt an einem .

„Quatsch!" Ein Junge mit  kommt vorbei. „ sind eine eigene Rasse. Soll ich euch unsere Stars vorstellen?" Er grinst. „Ich bin übrigens Ole."

„Oh ja, bitte!" Lilly ist sofort Feuer und Flamme. Sie deutet auf ihre  .

„Ich will hier nämlich reiten lernen."

Gemeinsam laufen sie hinüber zur . Dort stehen verschiedene  und fressen genüsslich  .

Ole deutet nach vorn zu einem  mit wuscheliger Mähne. „Das da ist Wuschel, unser frechstes  . Und neben ihm steht Wölkchen." Er deutet auf ein  mit ganz kurzer Mähne, die aussieht wie eine .

„Sie ist ein Fjordpferd."

Lilly nickt. Wölkchen gefällt ihr sehr gut, am liebsten würde sie auf ihr reiten.

„Und wie heißt der da?" Sie deutet auf ein schwarzes großes .

„Das ist ein Rappe", erklärt Ole. „Er heißt Sir Lanzelot. Und das da ist unsere Pferde-Oma Suse." Nun deutet er auf ein dickliches mit Hängelippe,

6

Ein Tag auf dem Reiterhof

das ganz vorsichtig an einem zupft. „Sie ist schon dreißig", sagt er

stolz. „Das ist ziemlich alt für ein  ."

„Fiete, du Frechdachs!", schallt es da von einer der  herüber.

Gleich darauf flitzt ein  an Lilly, Ole und Piet vorbei. In seinem Maul

hat er eine große 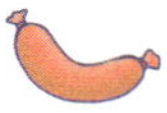 . Und schwups ist er weg. Kannst du Fiete auf dem

Bild entdecken? Male das Bild anschließend bunt an!

 # Pferde-Freunde

„Hey, auf meiner Weide ist noch viel Platz. Ich wünsche mir jemanden zum Spielen. Vielleicht kannst du mir einen Freund oder eine Freundin malen. Und was zu knabbern fänd ich auch lecker."

Ein Pferd

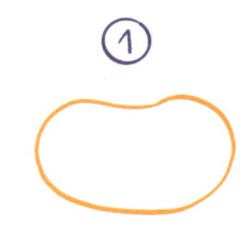
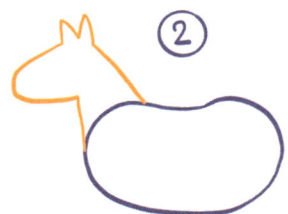

Eine Katze

8

① ② ③ ④

Ein Huhn

Ein Hund

① ② ③ ④

① ② ③ ④

Ein Apfel

① ② ③

Eine Möhre

① ② ③

Ein Heubündel

Aufgefuttert

Pony Wuschel hat immer Hunger. Auch jetzt knurrt wieder einmal sein Magen.
Und im Stall liegen so viele leckere Sachen herum.
„Halt!", ruft Ole. „Du darfst nicht alles davon fressen, sonst bekommst du Bauchweh."
Weißt du, was Wuschel fressen darf? Kreise ein.

Wuschels Wissensmöhre:

Pferde und Ponys haben einen sehr empfindlichen Magen. Und auch, wenn das Gras auf der Weide oberlecker schmeckt, dürfen sie niemals geschnittenes Gras fressen, denn darin können sich Gase bilden, die Bauchweh machen. Brot und Milchprodukte, Schokolade und auch manche Obst- und Gemüsesorten schaden deinem Pferd oder Pony. Wenn du deinem Pferdefreund ein Leckerli mitbringen willst, kannst du ihm mit Karotten, Äpfeln, Bananen ohne Schale oder auch einem Strauß Löwenzahn eine Freude machen.

10

Rätselgeschichte: Der Apfeldieb

„Kreuzkümmelkraut", schimpft Stallknecht Henry. „Hier ist ja alles durcheinandergeraten!"

„Ja, und mein Apfel ist weg." Reitlehrerin Sandrine kratzt sich am Kopf. „Ich weiß, dass ich ihn hier hingelegt hatte. Da hat der freche Wuschel sich wohl wieder mal ein Leckerli geklaut."

„So eine Gemeinheit!", sagt Wuschel. „Ich war das nicht. Kannst du mir helfen, den Apfeldieb zu finden und wieder Ordnung in die Stallgasse zu bringen? Sieben Dinge sind falsch und führen uns zu ihm. Kreise die Fehler sowie den gemeinen Apfeldieb mit einem Buntstift ein."

Von Punkt zu Punkt

MALEN

„Oje, meine Freundin Luna ist ja gar nicht richtig da", sagt Wuschel. Verbinde die Zahlen in der richtigen Reihenfolge und male aus.

 # Nanu, was fliegt denn da?

„Oh! Wenn ich groß bin, werde ich auch Pilot!"

Rätselgeschichte:

Das Fohlen Malina hat heute Lust auf Abenteuer.

„Mama, können wir nicht mal in den Wald?"

Malinas Mutter Akira stupst ihre Tochter liebevoll an. „Nein, mein Schatz. Wir bleiben hier auf der Weide."

„Aber im Wald soll es tolle Tiere geben! Das hat Oma mir erzählt. Zum Beispiel Pferde, die glitzern, mit einem Horn an der Stirn."

Akira lacht wiehernd. „Du meinst Einhörner? Nein, die gibt es nicht. Nur in Geschichten." Sie senkt ihren Kopf und frisst genüsslich das frische Gras.

Manno, denkt Malina. Sie schließt die Augen und wünscht sich ganz fest, dass sie ein Einhorn auf der Weide besucht. Wenn sie schon nicht in den Wald darf. Auch, um Mama zu beweisen, dass sie sich getäuscht hat.

Malina wartet den ganzen Tag, aber kein einziges Einhorn zeigt sich. Überhaupt – heute passiert eigentlich gar nichts Spannendes. Enttäuscht schläft sie am Abend in der Nähe ihrer Mutter ein.

In der Nacht wird Malina wach und hebt den Kopf. Es raschelt in der Nähe des Waldes. Und was ist das da hinter der großen Buche? Da schaut etwas hervor, das aussieht wie ein glitzernder Stock. Nein, das ist kein Stock! „Du bist …"

„Ein Einhorn, genau!", spricht das weiß-bunte Wesen Malinas Satz zu Ende und zeigt sich in seiner vollen Pracht. „Ich habe deinen Wunsch gehört! Ich bin Faya."

Malina bestaunt das Einhorn. Es schillert im Mondlicht.

„Danke", haucht das Fohlen. „Mama, wach auf!" Malina stupst ihre Mutter an. Doch die seufzt nur und schläft weiter.

„Eigentlich reicht es doch, wenn du an mich glaubst!", flötet Faya. „Dass du ein Herz für Einhörner hast, spüre ich von hier aus. Ich komme auch gerne mal wieder zur Weide! Halt nur die Augen offen."

Malina strahlt. „Ja! Besuch mich bald wieder." Sie wiehert leise. Faya nickt, dann verschwindet sie hinter der großen Buche. Nur noch ein bunter Regenbogen bleibt zurück.

Das Fohlen rollt sich ein, lächelt vor sich hin und taucht nach einer Weile zurück in den Schlaf.

Am nächsten Morgen wacht Malina mit bester Laune auf.

„Was ist denn heute mit dir los?", fragt Akira, als ihre Tochter ausgelassen über die Weide springt. „Hattest du einen schönen Traum?"

Einhornbesuch

„So was Ähnliches, Mama. Heute ist einfach ein glitzerschöner Tag!"
Malinas Blick wandert noch mal zum Wald, bevor sie mit ihrer Mama
und dem Rest der Herde erst mal ausgiebig eine leckere Portion Gras
mit Löwenzahnblüten frühstückt.

Wie viele Sterne stehen am Himmel? Zähle sie und male das Bild aus.

Sattle dein Pony

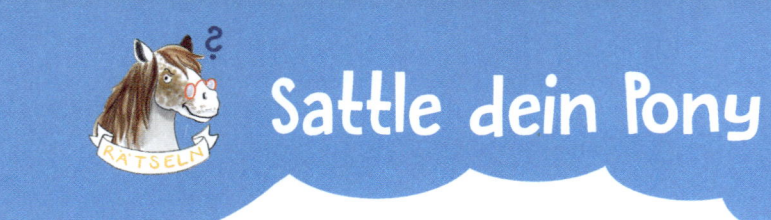

Wuschel freut sich bereits auf den Ausritt mit dir.

Was benötigst du alles dafür? Kreise ein.

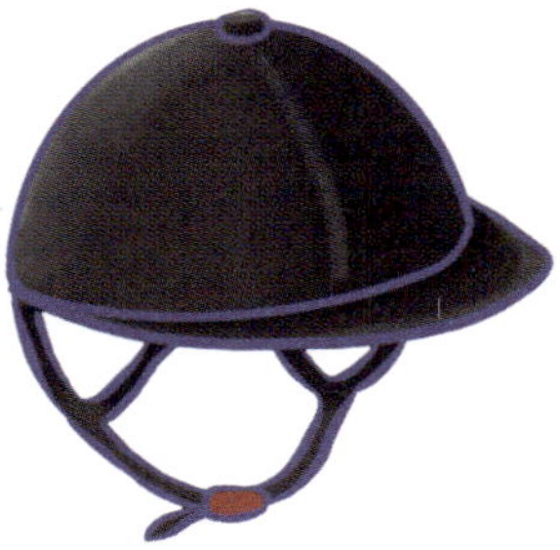
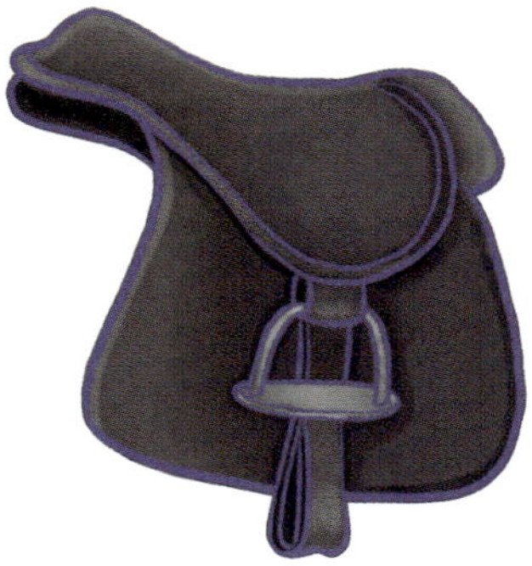
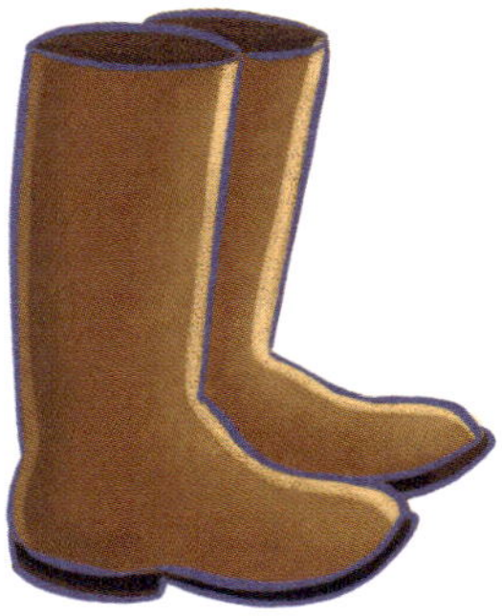
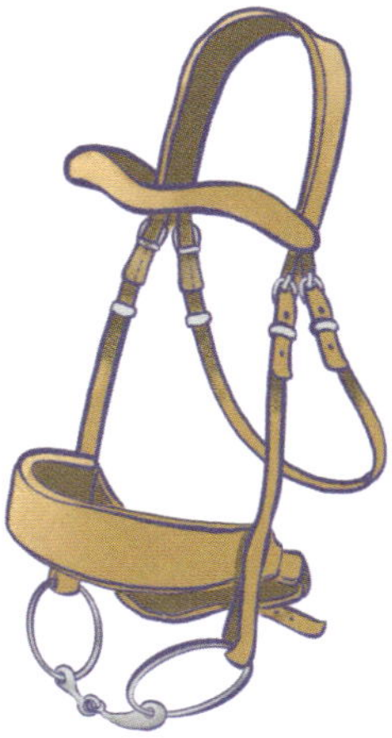
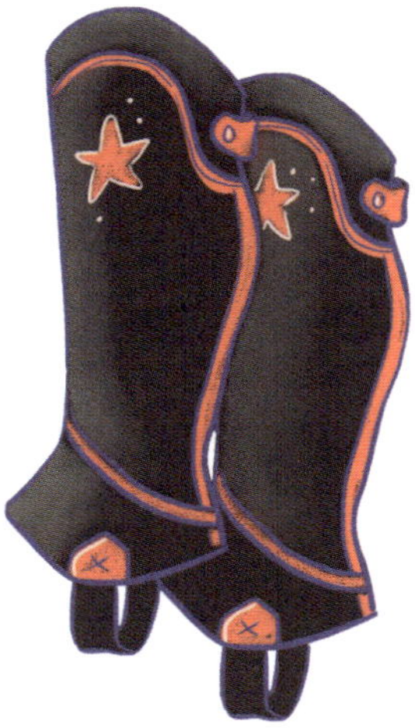
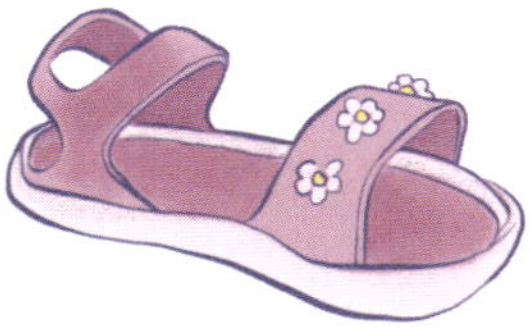
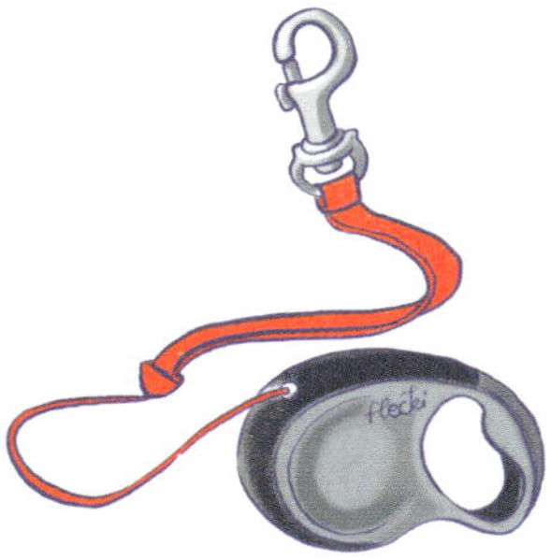
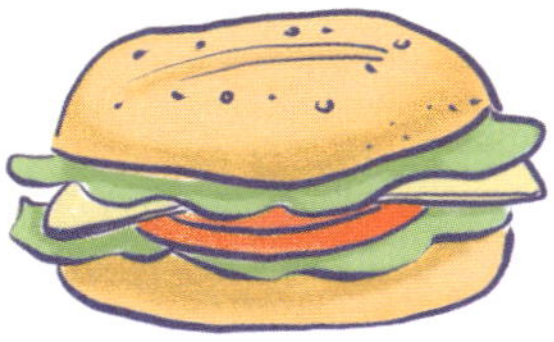
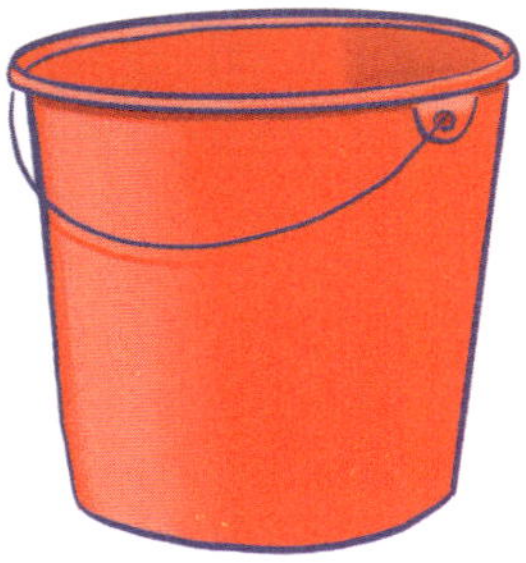
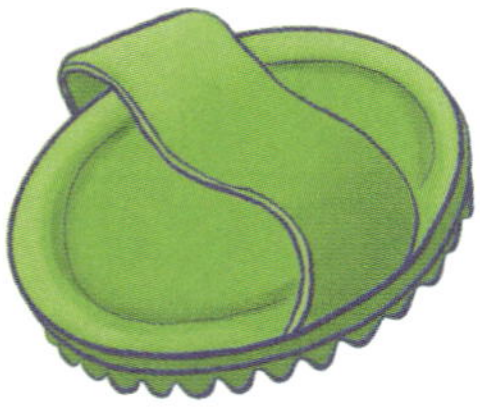
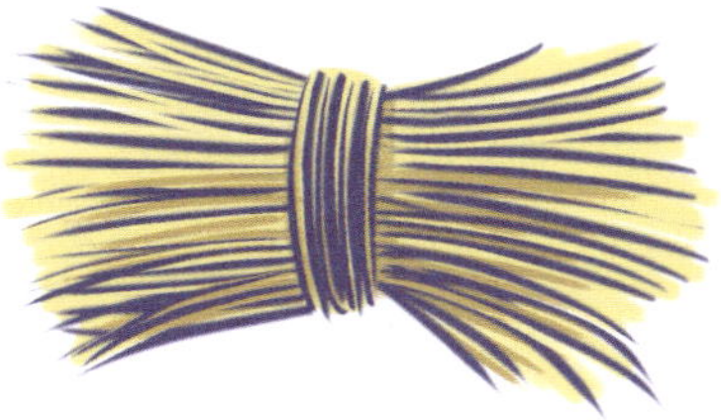
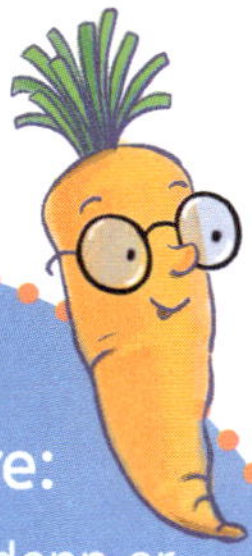

Wuschels Wissensmöhre:

Ein Helm ist wichtig, denn er schützt deinen Kopf. Das kennst du vielleicht schon vom Fahrradfahren. Damit er dich schützen kann, muss der Helm gut passen und fest auf dem Kopf sitzen. So ein Helm macht aber auch viel mit. Daher solltest du ihn nach zwei Jahren gegen einen neuen austauschen.

Eben hast du herausgefunden, was du alles brauchst, um mit Wuschel aus-zureiten. Sattle nun dein Pony. Bringe die Bilder in die richtige Reihenfolge, indem du die Zahlen von 1 bis 6 in die Kästchen schreibst.

Pferdeflüstern – die Ohrensprache

Wusstest du, dass sich Pferde auch mit ihren Ohren unterhalten? Die unterschiedlichen Ohrstellungen können dir, zusammen mit der Körperhaltung, verraten, in welcher Stimmung das Pferd ist.

Dreht das Pferd die Ohren nach hinten oder zur Seite, lauscht es aufmerksam. Aber Achtung! Flach nach hinten angelegte Ohren bedeuten, dass es sauer ist oder ängstlich. Zeigt es dazu noch die Zähne oder schlägt mit dem Schweif, heißt das: „Bleib bloß weg!"

Gespitzte, nach vorn gerichtete Ohren bedeuten, dass es dir freundlich oder aufmerksam begegnet. Senkt es dabei den Kopf, sagt es dir: „Ich finde dich nett. Komm doch mal näher." Bleibt der Hals jedoch gestreckt und die Ohren gespitzt, dann ist es wachsam, unsicher und bereit zur Flucht. Das gilt auch, wenn sich die Ohren in unterschiedliche Richtungen drehen.

Ein ruhendes oder gelangweiltes Pferd lässt die Ohren etwas zur Seite hängen.

Rate, was dir Wuschel und seine Freunde mit den Ohren sagen wollen:

Verbinde immer ein Pferd oder Pony mit der passenden Aussage.

„Ich mag dich und höre dir gut zu, was du mir sagst."

„Was ist das für ein Geräusch? Eine Biene? Oh, und was klappert da drüben? Soll ich bleiben oder besser wegrennen?"

„Uuuaaah, bin ich müde. Ein bisschen Schlaf tut jetzt ... zzz-schnorchel ..."

„Juchhu, wie schön, dass du hier bist."

„Oh nein, ist so ein Mensch gefährlich? Ich glaub, ich lauf lieber weg."

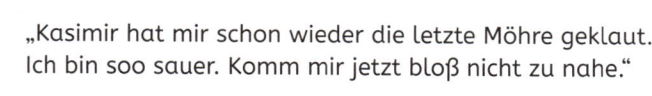

„Kasimir hat mir schon wieder die letzte Möhre geklaut. Ich bin soo sauer. Komm mir jetzt bloß nicht zu nahe."

18

Ganz schön stinkig

Auch Pferde müssen mal aufs Klo. Bei ihnen heißt das äpfeln. Und zwar deshalb, weil die Pferdeäpfel so ähnlich aussehen wie das Obst. Die Pferdeäpfel sind prima als Dünger für Felder. Wie viele Pferdeäpfel kommen über den Tag pro Pferd zusammen? Schätze und kreise deine Vermutung ein.

5

10

20

Wuschels Wissensmöhre:
Wie wir Menschen müssen auch Pferde mal aufs Klo. Sie pinkeln bis zu 10 Liter pro Tag. Das sind 10 Wasserflaschen voll.

kunststücke

Die Kinder vom Reiterhof führen heute eine Zirkusvorstellung auf. Lilly freut sich schon lange darauf. Wenn du das Bild ausmalst, wird wie von Zauberhand sichtbar, was sie vorführen will.

Welches Pferd bist du?

Weißt du, wer was gesagt hat? Verbinde.

Mein Fell ist weiß wie Schnee. Ich bin ein Schimmel.

Ich bin klein, aber oho. Mein Fell hat Flecken. Deshalb nennt man mich auch Schecke.

Ich bin schlank und schnell. Ich bin ein Vollblut. Meine Fellfarbe ist schwarz wie die Nacht. Deshalb nennt man mich auch Rappe.

Ich bin groß und schwer. Ich kann gut Kutschen ziehen. Ich bin ein Kaltblut. Meine Fellfarbe ist braun. Nenn mich Brauner.

Meine Mähne sieht aus wie eine Bürste und mein Fell ist hell wie Sand. Ich bin ein Fjordpferd. Meine Fellfarbe nennt man Falbe.

Ich bin weiß und habe ein glitzerndes Horn. Meine Mähne ist regenbogenbunt und ich kann zaubern, wenn ich will. Weißt du, wie ich heiße?

Mein Fell ist rotbraun wie ein Fuchs. Deshalb heiße ich auch so.

21

Bilder-Sudoku

Die Tiere schauen abwechselnd aus den Fenstern des Hauses heraus. Aber wer fehlt wo? Ordne die Tiere so zu, dass in jeder Spalte und Reihe nur eines von ihnen zu sehen ist. Dabei darf auch in jedem Viererblock nur eins der Tiere auftauchen.

WER IST NICHT DA?

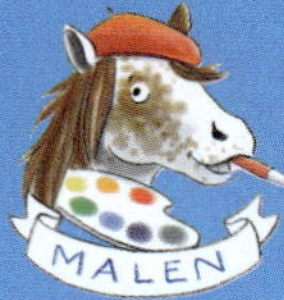

MALEN

„Hallo, ich bin Peggy. Ich bin ein Pegasus. So nennt man uns geflügelte Pferde. Magst du eine Runde mit mir fliegen? Dann male mich zuerst aus."

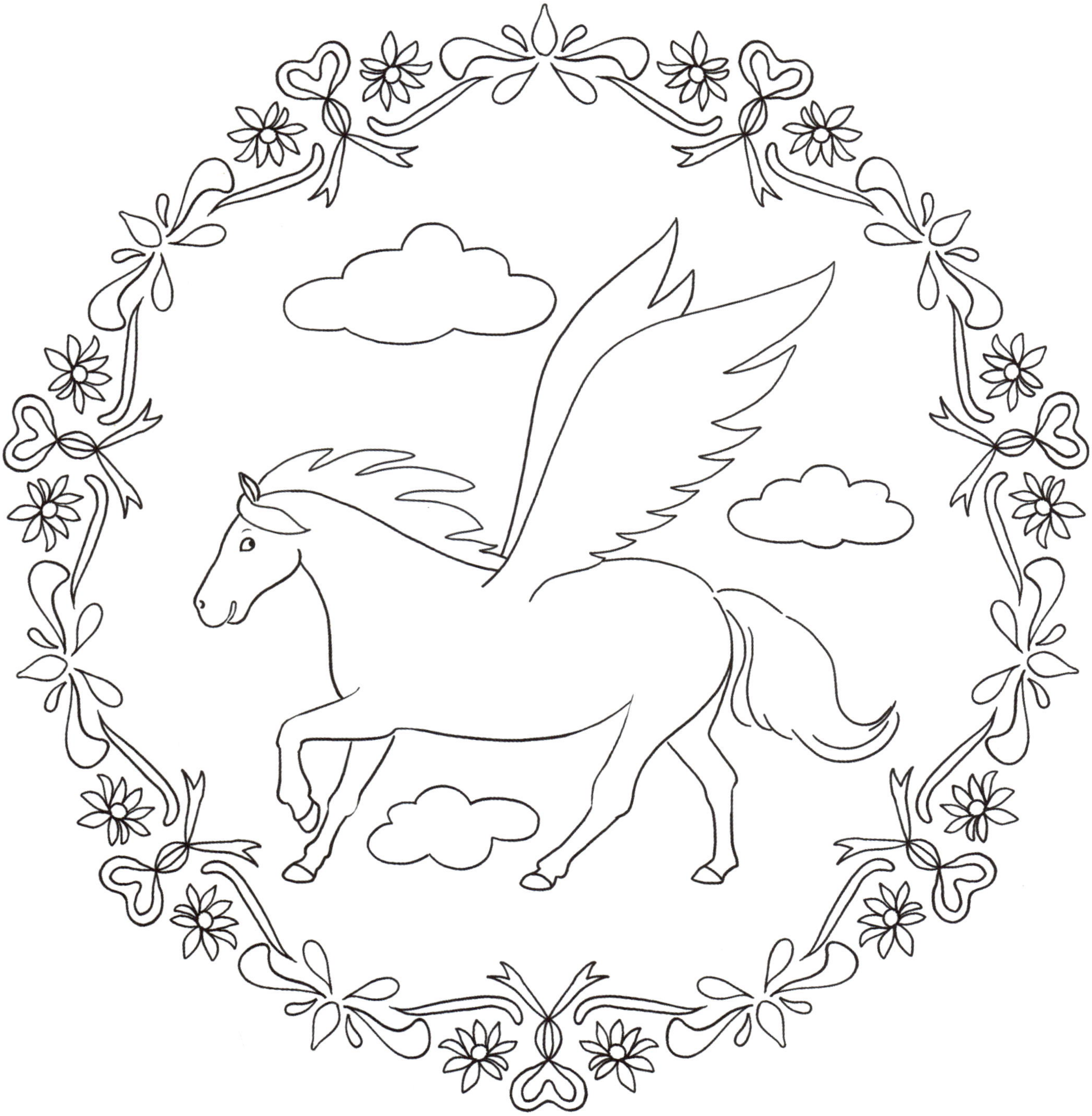

Rätselgeschichte:

Die Schatzsuche

Die Ponys stehen gelangweilt auf der Weide herum.

„Das ist schon der dritte Schauer heute!", mault Wölkchen. Das Wasser tropft seitlich wie über eine Regenrinne von seinem Fell ab.

Auch Wuschel ist pitschenass. „Manno", wiehert er. „Nichts los heute."

Hofkater Spik mag keine Langeweile. „Wie wäre es mit einer Schatzsuche?", fragt er in die Ponyrunde.

„Hmm" ist alles, was Lord Lanzelot, der Rappe, dazu zu sagen hat. Er kaut genüsslich auf einem Strohhalm. Auch die anderen wirken nicht begeistert von Spiks Idee.

„Miau!" Der Kater streckt den Kopf in die Höhe und tapst los. Erst geht er in den Stall und holt Leckerlis aus dem Futtersack. Dann fischt er Schnipsel und buntes Papier aus einer Kiste. Die füllt Stallbursche Henry für die Kinderbastelstunden immer wieder auf. Spik rollt die Leckerlis mit seinen Pfoten über das Papier, hin und her. Es entstehen kleine Geschenke-Kugeln. Für jedes Päckchen findet Spik ein ganz besonderes Versteck. Mit einem lauten Maunzer verkündet er: „Die Schatzsuche kann beginnen! Wer hat Lust auf eine kleine Überraschung?" Endlich setzen sich die Ponys in Bewegung.

Kannst du ihnen helfen, alle Schätze zu finden? Wie viele Leckerlis hat Spik versteckt? Kreise sie im Bild ein und male sie bunt an.

Hurra! Die Sonne kommt hervor. Zusammen mit den letzten Regentropfen entsteht ein wunderschöner Regenbogen. Spik hilft seinen Freunden, die Mini-Geschenke auszupacken. Was für ein Spaß! Die Ponys mümmeln glücklich ihre Schätze auf. Aus allen Papieren hat er nun eine große bunte Kugel gerollt. Die legt er zurück in die Bastelkiste. Danach hüpft Spik auf Wuschels Rücken und rollt sich zusammen. „Schätze verstecken und Geschenke auspacken ist ganz schön anstrengend. Aber auch das beste Mittel gegen schlechte Laune!" Der Hofkater schnurrt zufrieden.

Weidezeit

„Puh, mir ist viel zu heiß", stöhnt Wuschel.
„Auf der Weide steht ein Wassertrog",
beschwichtigt Ole.
Er kratzt sich am Kopf. „Äh, aber wo
gehts lang?"
„Wir müssen nur der Pferdeapfelspur
folgen", antwortet Wuschel.
Hilf Ole und Wuschel, den richtigen
Weg zu finden.

Wenn ich groß bin, werde ich ...

Nach der Reitstunde sitzen Ole und Lilly auf der Bank und schlecken Eis.

„Wenn ich groß bin, werde ich Reitlehrerin. Oder Tierärztin", sagt Lilly. Ihr Blick schwenkt zu Wölkchen, die gerade untersucht wird. „Oder Polizistin. Dann hätte ich mein eigenes Pferd."

„Mhm", macht Ole. „Und ich werde Hufschmied. Oder Chef-Stallknecht. Dann könnte ich jeden Tag mit Wuschel zusammen sein."

Findest du auf dem Bild die Berufe, die Lilly und Ole erwähnt haben? Male das Bild aus.

27

Heute findet auf dem Reiterhof ein großes Ritterfest statt. Und natürlich ist Wuschel mit seinen großen Pferdefreunden auch dabei. Ole hat sogar erzählt, dass sie einen Auftritt haben.

Davor darf sich die Herde auf der Koppel ausruhen. Wuschel ist aber gar nicht nach Ruhe zumute. Er trabt aufgeregt hin und her. „Ich freu mich so, ich freu mich so, ich freu mich so!", wiehert er.

Das Shire Horse Sir Lanzelot hebt den Kopf. „Warum?"

„Na, weil ich beim Ritterfest auftreten darf!"

Sir Lanzelot lacht. „Du trittst doch gar nicht auf. Einen Ritter kannst du nicht tragen. Du bist viel zu klein!"

Wuschel lässt enttäuscht die Unterlippe hängen und seufzt. Ach, menno! Er möchte auch dabei sein!

auf dem Ritterturnier

Kurze Zeit später sind die Ritterspiele in vollem Gang. Wuschel sieht vom Rand aus zu. Zwei seiner Freunde tragen stolze Ritter auf den Rücken. Sie reiten mit Lanzen aufeinander zu. Etwas entfernt steht eine Frau, die sich als Prinzessin verkleidet hat. Plötzlich rutscht Sir Lanzelot etwas vom Sattel, was dort seitlich befestigt war. Eine goldene Krone! Wuschel scharrt mit dem rechten Vorderhuf. Was soll er jetzt machen? Er wiehert, doch die anderen hören ihn nicht. Nach einer Weile verneigt sich Sir Lanzelots Ritter vor der Prinzessin. Er hat das Ritter-Reitspiel wohl gewonnen und greift an seinen Sattel, wo vorher die Krone war. Verwundert zieht er die Augenbrauen hoch. Jetzt gibt Wuschel sich einen Ruck. Er läuft durch die kleine Öffnung im Zaun auf den Festplatz, hebt die Krone mit dem Maul auf und trabt zur Prinzessin.

„Oh, wie süß!" und „Schau mal, das Pony!", schallt es ihm aus dem Publikum entgegen.

Wuschel überreicht der Prinzessin den gezackten Goldkranz. Als sich die Prinzessin vor dem Pony verneigt, klatscht das Publikum lauten Beifall.

Auch Wuschel verneigt sich. Huldvoll schwenkt er den Kopf und geht mit einem Vorderbein in die Knie. Das sieht sehr elegant aus.

Das Publikum johlt und klatscht begeistert.

Wuschel fühlt sich gerade mindestens so groß wie seine großen Pferdefreunde. Sogar Sir Lanzelot nickt ihm anerkennend zu. Als die Prinzessin nun noch dem kleinen Pony die Krone aufsetzt, jubelt das Publikum ausgelassen. Und Wuschel strahlt wie ein Honigkuchen-Pferd.

Findest du auch, dass Wuschel das toll gemacht hat? Dann male das Bild in deinen Lieblingsfarben aus.

Wuschels Wissensmöhre:

Rund 200 Kilo konnte so ein Ritter mitsamt Rüstung wiegen. Ganz schön schwer für ein Pferd, das zum Teil auch selbst eine Schutzrüstung trug. Shire Horses sind groß, kräftig und stark. Die Ritterpferde „Great Horses" waren im Mittelalter jedoch kaum größer als ein Pony. Erst im Lauf der Jahre wurden sie mit anderen Rassen gekreuzt und dadurch auch größer gezüchtet.

Sattel-Durcheinander

Ole kann Hilfe beim Satteln gebrauchen. Doch die Sättel sind unterschiedlich groß. Weißt du, welcher Sattel zu welchem Pony gehört? Verbinde die Paare mit einem Buntstift.

Zählspaß – wer weiß es?

Was für ein Gewimmel. Findest du heraus ...

... wie viele Pferde eine Blesse haben? ☐

... wie viele Beine insgesamt auf dem Bild zu sehen sind? ☐

... wie viele Möhren auf dem Bild zu sehen sind? ☐

... wie viele Strohballen Ole aufgestapelt hat? ☐

... wie viele Ponys auf dem Hof stehen? ☐

„Hurra, jetzt reiten wir zum Wald!", sagt Lilly. Sie will den Sattel für Wölkchen holen.

„Aber zuerst müssen wir die beiden noch putzen", meint Ole. Er streckt Wuschel einen Apfel hin. „Der Schmutz muss weg. Das ist wichtig, damit der Sattel beim Reiten nicht drückt."

„Oje, so viele Sachen", staunt Lilly, als Ole den Putzkasten abstellt. „Wozu braucht man das denn alles?"

Ole hält den Striegel hoch. „Damit kannst du den gröbsten Dreck aus dem Fell bürsten." Wuschel legt ihm den Kopf auf die Schulter und Ole lacht. „Oh, das genießt er."

Ole greift nach einer Bürste. „Die Kardätsche ist schön weich. Damit bürstest du den aufgelockerten Schmutz aus."

Lilly nickt und macht es ihm nach. Für den Kopf nehmen sie einen weichen Schwamm. Anschließend entfernt Lilly bei Wölkchen vorsichtig ein paar Steinchen aus den Hufen. Zum Schluss kämmen sie den Ponys noch die Mähne und den Schweif.

„So, jetzt strahlt ihr aber!", sagt Lilly zufrieden. „Und wir sind bereit für den Ausritt."

In Wuschels Augen blitzt ein frecher Funke. Er beschließt, sich nach dem Ausritt im Sand und Schlamm zu wälzen, damit er wieder so eine tolle Putz-Kuschel-Massage bekommt.

Was gehört nicht in den Putzkasten? Kreise ein.

32

Bilder-Sudoku

Jedes Pferd soll das gleiche Futter erhalten. Was fehlt wo? Kannst du es noch ergänzen? Aber Achtung – in jedes Quadrat darf nur ein Futtersymbol.

33

Wuschel und Spik spielen 🔴 . „Oh nein!", ruft Wuschel. Er hat zu fest

geschossen und nun ist der 🔴 weit über die Wiese gekullert.

„Ich hole den 🔴 ", maunzt Kater Spik. „Ich bin schnell." Er saust dem 🔴

hinterher, doch der ist schneller. Immer weiter und weiter rollt er, bis zum 🌳 .

Dort liegt 🐕 Fiete im Schatten und schnarcht. Neben ihm sitzt 🐔

Odina und putzt sich das Gefieder.

„Haltet unseren 🔴 auf", ruft Spik.

„Wie? Was?" Mit einem Ruck springt Fiete auf und versetzt dem 🔴 dabei

unabsichtlich einen Stups. Der 🔴 fliegt hoch in die Luft – direkt in den 🌳

hinein.

Ganz oben in einem 🌿 bleibt der 🔴 liegen. Die Tiere schauen ihm betrübt

hinterher. „Wie sollen wir da nur rankommen?", meint Wuschel. Er hat den 🐴

in den Nacken gelegt und seufzt.

„Vielleicht schaffen wir es gemeinsam, den 🔴 zu holen?", maunzt Spik.

Gesagt, getan. Wuschel legt sich auf den Boden, sodass Fiete ihm auf den Rücken

springen kann. Dann klettert Spik vorsichtig auf Fietes Rücken. Zum Schluss flattert

Odina auf Spiks Kopf.

Sie reckt den 🐔 ganz weit vor, bis ihr Kopf mitten im 🌳 steckt.

„Ja, ja, ich hab ihn", kräht sie fröhlich. Sie gibt dem 🔴 einen kräftigen Schubs,

34

Der rollende Ball

sodass er vom rollt und Wuschel direkt vor die Hufe fällt.

„Frisch für dich vom gepflückt", ruft Odina lachend.

Spik maunzt, Fiete bellt und Wuschel wiehert vor Freude. „Danke! Ihr seid

die besten Freunde, die es gibt. Zusammen schaffen wir einfach alles!

Wollt ihr mit mir spielen?"

Hast du genau aufgepasst? Einer von Wuschels Freunden fehlt auf dem Bild.
Wer ist es?

Pferde-Wissen für Schlaue

Weißt dus? Kreise die richtigen Lösungen ein.

Das größte Pferd heißt Big Jake.
Es ist

so groß wie ein Mensch

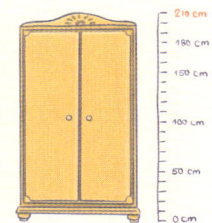

so hoch wie ein Schrank

Das kleinste Pferd ist

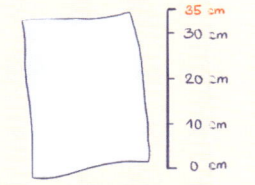

so groß wie ein Blatt
Papier

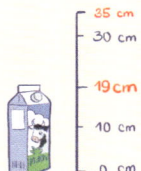

so groß wie eine
Milchpackung

Pferde haben viel Durst.
Sie trinken

bis zu 60 Flaschen
Wasser pro Tag

bis zu 6 Flaschen
Wasser pro Tag

Pferde können hoch springen,
und zwar

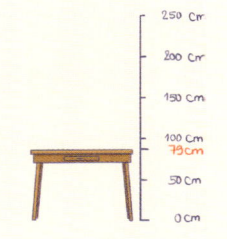

so hoch wie ein Tisch

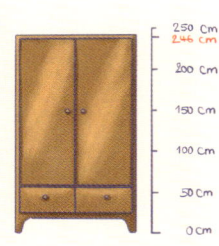

so hoch wie ein Schrank

Pferde müssen jeden
Tag mehrmals aufs
Klo, ungefähr alle 3
bis 4 Stunden. Am Tag
kommen deshalb

bis zu 25 Kilo
Pferdeäpfel zusammen

bis zu 10 Kilo
Pferdeäpfel zusammen

Pferde können sehr gut sehen. Wie Eulen
können sie den Kopf fast um 360 Grad
drehen. Nur von einer bestimmten Seite
können sie einen nicht erkennen und
erschrecken sich leicht. Deshalb solltest
du dich dem Pferd niemals

von vorne
oder hinten nähern

von links
oder rechts nähern

Wenn du dein Pferd
loben willst, solltest
du es

streicheln

kratzen

Wenn ein Pferd nass
ist, trocknest du es
am besten

mit einem Handtuch

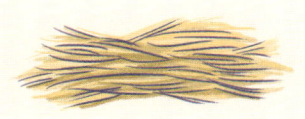
mit Stroh

37

Im Frühjahr freue ich mich auf meine Weide. Alles ist grün und frisch.
Am liebsten fresse ich die saftigen Gräser.

Im Sommer ist es brütend heiß. Die Fliegen ärgern mich. Ole hilft mir dabei, sie zu vertreiben. Manchmal streicht er mich auch bunt wie ein Zebra an.

Durch die Jahreszeiten (2)

MALEN

Im Herbst fallen die Blätter. Hui, macht das Spaß, ihnen bei einem Ausritt hinterherzujagen.

Klingeling, das Glöckchen am Schlitten klingelt fröhlich, wenn wir durch den glitzernden Schnee sausen. Einmal möchte ich auch den Schlitten vom Nikolaus ziehen.

Schattenspiel

Puh, ist das heiß heute. Die Pferde haben sich vor der brutzelnden Sonne versteckt. Weißt du, welcher Schatten zu welchem Pferd gehört? Verbinde mit Strichen.

Hier fehlt doch was

Wuschel hat ein Puzzleteil verloren. Doch welches der fünf gehört hier ins Bild?
Kannst du ihm helfen, das richtige zu finden? Kreise es ein.

„Ich will aber das Pferd sein!", ruft Lilly und stampft mit dem Fuß auf. Reitlehrerin Brigitte streicht ihr über den Kopf. „Ach Lilly", sagt sie. „Das haben wir doch alles schon besprochen. Außerdem haben wir ausgelost. Ole ist das Pferd." Lilly schaut finster zu Ole hinüber, der das tolle flauschig-weiße Pferdekostüm trägt. Ganz weit reißt er den Mund auf, um sein Wiehern zu üben.

„Du bist der Hering", sagt Brigitte zu Lilly. „Heringe sind auch tolle Tiere. Die glitzern im Wasser wie Diamanten. Und dein Kostüm sieht wunderschön aus."

Brigitte wendet sich den anderen Kindern zu und sagt: „Ihr wisst ja, wenn ich eure Tiernamen rufe, kommt ihr raus in die Reithalle. Also dann. Jetzt geht unser Abc-Theater los."

Brigitte schwingt ihren Zauberstab. Natürlich kann sie nicht in echt zaubern, aber es macht Riesenspaß, wenn sie so tut, als ob sie es kann. „Abrakadabra, jetzt gehts auf alle viere – aus Reitschulkindern werden wilde Tiere!"

Lilly macht Theater (1)

Alle brüllen laut und machen Tiergeräusche. Nur Lilly schaut zu, sie ist ja ein stummer Fisch.

Ihr Pony Wölkchen stupst ihr mit dem Maul in die Seite, um sie aufzumuntern. Lilly muss kichern, weil das kitzelt. Wie so oft redet Wölkchen mit ihr, wenn sie beide allein sind.

„He, ich finde, Heringsgrau ist eine tolle Farbe", flüstert das Pony. „Fast so schön wie Ponygrau. Wir beide sehen absolut superfabulötastisch aus!"

„Pft", meint Lilly.

„Doch", beharrt Wölkchen. „Außerdem macht Grau ganz schlau. Das siehst du ja an mir."

Lilly muss grinsen. Wölkchen mag zwar schlau sein, aber ein wenig eingebildet ist sie auch, findet sie.

Aus der Reithalle ist ein Dschungel geworden. Um die Bande haben die Kinder am Morgen grüne Blättergirlanden gebunden. Überall stehen große bunte Papierblumen und Palmen herum.

Brigitte zaubert das erste Tier herein. Es ist Affe Pia. Sie reitet auf Pony Wuschel durch die Halle, kratzt sich unter den Armen und ruft dabei laut „Uuu-aaa".

Die Eltern klatschen begeistert Beifall. Als Nächstes kommt Bär Peter dran. Er brummt laut und gefährlich. Sein Pferd Sir Lanzelot bleibt dabei ganz ruhig.

Lilly ärgert sich. Alle können tolle Tierlaute machen, nur sie nicht. In ihrem Bauch brodelt es ganz komisch. Das ist wohl die Wut. Damit das Brodeln nicht schlimmer wird, sucht sich Lilly ein Versteck. Von dort kann sie alles beobachten, aber niemand sieht sie.

„Ach, Wölkchen. Wenn ich wenigstens ein Nilpferd sein dürfte. Nilpferde können superlaut grunzen und schnauben. Fische dagegen sind stumm und schnarchlangweilig. Die schwimmen den ganzen Tag nur hin und her", sagt sie.

„Fische sind gar nicht langweilig", erwidert Wölkchen. „Es gibt sie in groß und in klein, in bunt und in einfarbig, in gefährlich und in nett."

Brigitte ruft: „Der Hering tanzt im Wasser und wird dabei noch nasser."

Doch Lilly kommt nicht aus ihrem Versteck hervor.

Weißt dus?
Wo hat sich Lilly versteckt? Suche sie auf dem Bild.

45

Die Eltern auf den Zuschauerbänken recken neugierig die Hälse. Sie murmeln, weil es nicht weitergeht.

„Vielleicht musste Lilly ja aufs Klo", überlegt Brigitte und schwenkt den Zauberstab, wie um Lilly herbeizuzaubern. Das klappt natürlich nicht. Daher beschließen die Kinder, nach Lilly zu suchen. Kaninchen Hanna hoppelt in die Toilette, aber dort ist Lilly nicht. Weder hinter der Klobürste noch im Waschbecken hat sie sich versteckt. Affe Pia klettert über die Bande und Bär Peter schaut auf den Bänken nach.

Leise kichert Lilly hinter ihrer Palme. Ihr Versteck ist wirklich gut. Verstecken war schon immer ihr Lieblingsspiel. Aber was ist das? Die anderen Kinder lachen ja gar nicht! Sie ziehen traurige Gesichter. Ole schnieft sogar ganz laut.

Wölkchen stupst Lilly an. „Schau, ohne dich können die anderen nicht weitermachen. Das H wie Hering ist ein wichtiger Buchstabe im Alphabet. Genauso wichtig wie die anderen Buchstaben. Willst du es dir nicht doch noch mal überlegen?"

„Hm, vielleicht", sagt Lilly. Es gefällt ihr gar nicht, dass ihr bester Freund Ole ihretwegen schnieft. „Na schön, dann bin ich halt ein langweiliger, stummer Fisch."

„Fische sind überhaupt nicht stumm", sagt Wölkchen. „Die plappern mir am Teich immer die Ohren voll. Heringe können auch reden."

„Haha, das glaub ich nicht", sagt Lilly.

„Oh doch. Ihr Menschen hört sie nur nicht, weil sie unter Wasser sind. Sie unterhalten sich mit Luftblasen. Das sieht dann so aus, als würden sie pupsen."

Lilly kichert. Fische, die sich durch Pupse unterhalten – das ist witzig. Vielleicht sind Heringe doch gar nicht so blöd.

Da kommt Lilly eine Idee. Ole hat ihr neulich einen tollen Trick gezeigt. Er kann nämlich mit dem Mund pupsen. Man muss nur die Lippen fest zusammendrücken und pusten. Das gibt ein lustiges Geräusch. In ihrer Tasche findet sie außerdem noch eine Flasche mit Seifenblasen. Haha, nun will Lilly für eine Überraschung sorgen.

„Also gut", sagt Lilly. „Ich machs." Sie kriecht aus ihrem Versteck.

„Ach, da ist Lilly ja", ruft Brigitte erfreut und deutet mit ihrem Zauberstab auf sie. Alle jubeln. Jetzt können sie endlich mit dem Abc-Theater weitermachen.

„Auf eure Plätze", ruft Brigitte. Sie zählt erneut die Tiere auf und schließlich kommt Lillys großer Auftritt. „Der Hering tanzt im Wasser und wird dabei noch nasser."

Lilly macht Theater (2)

Lilly reitet auf Wölkchen in die Halle. Dabei hält sie sich den Seifenblasenring vor die Lippen und macht Pupsgeräusche mit dem Mund. Viele bunte Seifenblasen schweben im Takt der Mundpupse durch die Halle.

„So unterhalten sich Heringe", ruft Lilly. „Die sind nämlich gar nicht stumm."
Lilly macht wieder ihre Mundpups-Seifenblasen. Sie schweben glitzernd über die Köpfe der Zuschauer hinweg.

Alle lachen und klatschen. Die Eltern sind begeistert. So ein tolles Tier-Abc haben sie noch nie erlebt. Lilly ist froh. Sie hat das Abc erst komplett gemacht und mit Freunden macht so ein Tiertheater erst richtig Spaß!

Kannst du auch Pupsgeräusche mit dem Mund machen? Probiere es aus.
Wuschel und Wölkchen freuen sich, wenn du das Bild bunt ausmalst.

47

Alles Verwandte

„Heute hab ich Geburtstag", sagt Wuschel.
„Die ganze Verwandtschaft kommt zu Besuch."
Weißt du welche vier Tiere auch Hufe haben?
Kreise sie ein.

Die Meisteresser

„Ich habe mehr Äpfel gegessen",
behauptet Suse.
„Nein, ich!", entgegnet Wuschel.
Wer hat mehr Äpfel gegessen?
Zähle nach.

| 1 | 2 | 3 | 4 | 5 | 6 | 7 | 8 | 9 | 10 | 11 | 12 | 13 | 14 | 15 | 16 |

Einhorntag

Hoch oben über den Wolken lebt Familie Einhorn. Jeden Tag spielen die kleinen Einhornfohlen auf der Wolkenwiese.

„Oje, wie seht ihr denn aus!", ruft Mama 🦄 , als ihre kleinen Fohlen vom Nachlaufspielen am Himmel nach Hause kommen. Das schöne weiße Fell der Einhornkinder sieht ganz grau und staubig aus. „Da wird es wohl Zeit für ein Bad."

„Au ja", freuen sich die Mini-Einhörner, denn sie baden für ihr Leben gern.

Fröhlich hopsend folgen sie Mama 🦄 zum großen blauen Himmelssee. Dort angekommen, sagt Mama 🦄 : „So, und nun hinein mit euch ins 💧 . Aber vergesst nicht, euch auch hinter den 👂 zu waschen."

„In Ordnung, Mama", rufen die Fohlen und hüpfen begeistert in das herrlich warme Bad. Hui, wie das spritzt! Die Einhornfohlen planschen so vergnügt im 🌊 , dass das 💧 sogar über den Rand hinausschwappt.

Die 👨‍👩‍👧 unten auf der 🌍 schauen verwundert nach oben, weil ihnen trotz des herrlichen Sonnenscheins plötzlich 💧 auf den Kopf fallen.

Oben im Himmel ruft Mama 🦄 nach einer Weile: „So, nun aber raus mit euch! Es wird Zeit fürs 🛏️ ." Munter hüpfen die kleinen Einhörner aus dem Wasser und schütteln noch einmal ihre 🐴 aus, die nun aussieht wie weiße, weiche Zuckerwatte. Einige weitere 💧 fallen zur 🌍 . Wieder schauen die 👨‍👩‍👧 verwirrt zum ☁️ hinauf. Die Einhörner kichern.

50

Mama  🦄 erlaubt ihren Kindern, vor dem Schlafengehen noch einen schönen bunten 🌈 an den Himmel zu malen. Danach fallen die Fohlen müde in ihr 🛏 und sind im Nu eingeschlafen. Gute Nacht! Zzzz...

Zeig her deine Füße

„Huch, das sind aber viele Spuren", wundert sich Wuschel. „Ich möchte zu gern wissen, wem sie gehören." kannst du es herausfinden?

Wer macht was?

Es gibt verschiedene Reitstile. Ordne die Aussagen den Kindern mit den Pferden zu. Verbinde sie dazu mit einem Stift.

Über Hindernisse springen – das macht Spaß.

Sir Lanzelot kann die schönsten Pirouetten. Er ist das beste Dressurpferd.

Ich mag Akrobatik und voltigiere gern.

Ich reite am liebsten im Westernstil.

Wo ist Palles Hut?

Die beiden Einhörner Pille und Palle sind Geschwister. Doch kurz vor dem Auftritt im Zirkus hat Palle seinen Hut verloren. Wo ist bloß sein großer schwarzer Zylinder mit dem Stern? Kannst du ihm suchen helfen? kreise den Hut ein.

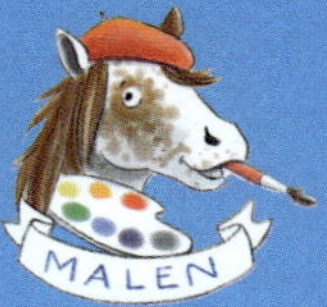
MALEN

Fliegenwolke

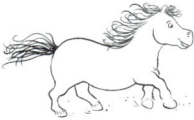

Zähle, wie viele Schmetterlinge und wie viele Fliegen sich auf der Weide verstecken. **Weißt du es?**

☐ Fliegen ☐ Schmetterlinge

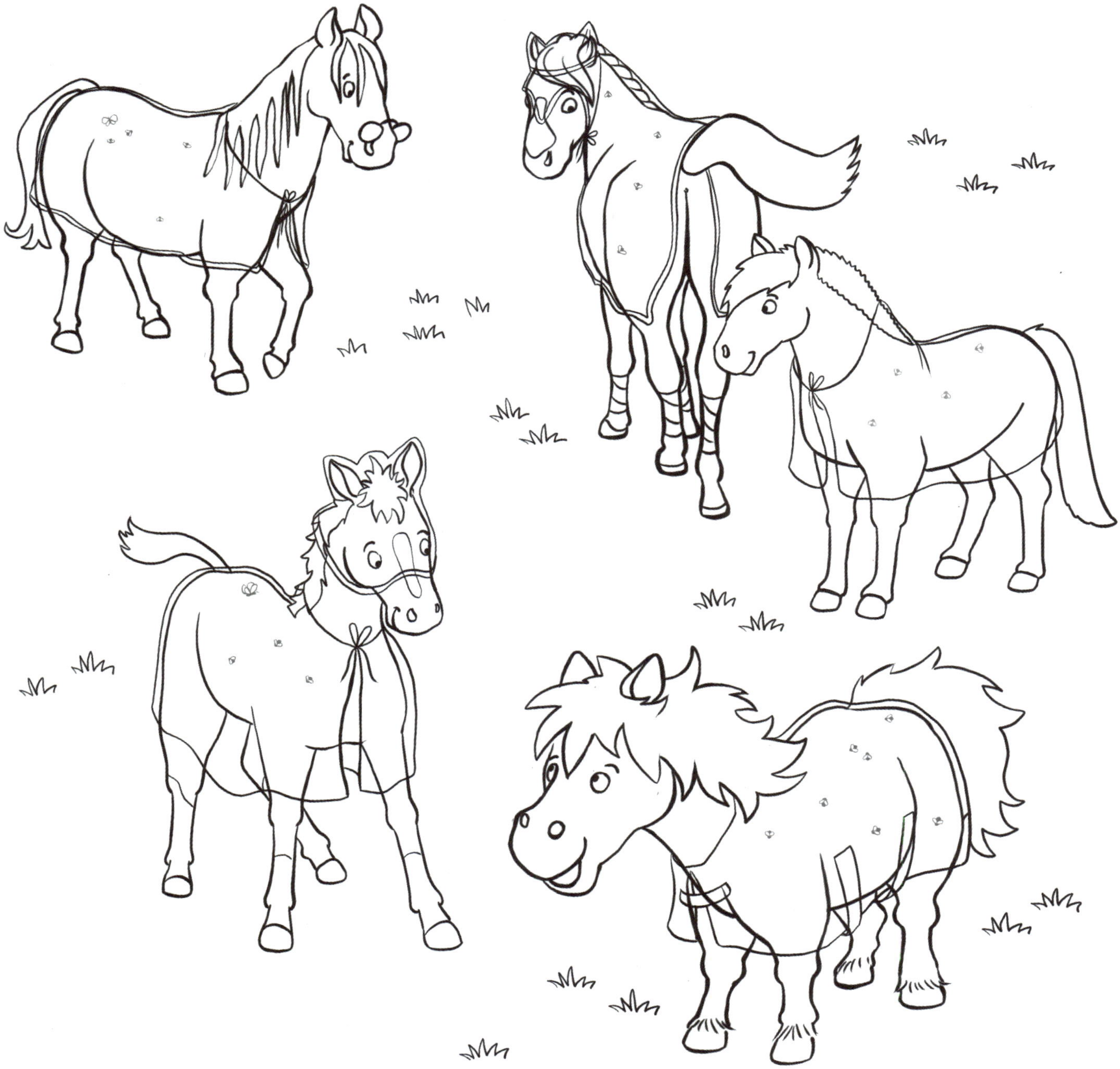

Oje, die Fliegen machen den Ponys ganz schön zu schaffen. **Male ihnen schnell die Fliegendecken auf, damit sie verschwinden.**

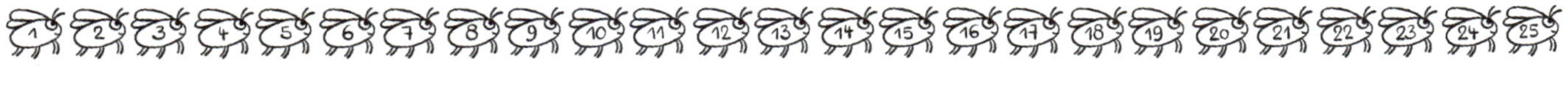
1 2 3 4 5 6 7 8 9 10 11 12 13 14 15 16 17 18 19 20 21 22 23 24 25

Noch mehr Pferde-Wissen

Richtig oder falsch. Weißt dus?
Kreise den richtigen Smiley ein: Grün für Ja, orange für Nein.

Pferde können durch das Maul atmen wie wir Menschen durch den Mund. Stimmt das?

Pferde schlafen nicht länger als 20 Minuten am Stück. Stimmt das?

für Schlaue

Pferde können sich selbst im Spiegel erkennen wie Delfine oder Menschenaffen auch. Stimmt das?

Pferde verbringen pro Tag 2 Stunden mit Essen. Stimmt das?

Hofkater Spik langweilt sich. Niemand hat Zeit, um ihn zu kraulen. Eine Weile leckt er seine Pfote, doch alleine spielen macht keinen Spaß. Plötzlich überläuft ein Strahlen Spiks Gesicht. Er läuft hinüber zur Koppel, um seine Feunde zu besuchen. Vielleicht können sie alle zusammen spielen.

Er hüpft auf den Zaun und beobachtet Stallbursche Luis.

Der schaut ratlos zu ihm rüber. „Ich soll die Pferde und Ponys in ihre Boxen bringen, aber welches Pferd gehört noch mal in welche Box?"

Kater Spik springt elegant ins Gras. „Ts, diese Menschen", denkt er. „Meine Freunde sind doch ganz leicht auseinanderzuhalten." Zielstrebig läuft er los.

Kannst du Spik und Luis helfen? Schau dir die Tiere und die Boxentüren unten auf der Seite genau an. Findest du Ähnlichkeiten?

Ordne die Pferde und Ponys ihren Boxentüren zu und trage die richtigen Nummern in die Kreise ein.

zum Wiehern:

Sagt Pony Wölkchen zu Wuschel: „Kommst du mit, im Fluss baden?"
„Oh", antwortet Wuschel. „Dann sind wir ja Flusspferde."

Lilly hat Wölkchen gerade für einen Ausritt gesattelt. Doch irgendetwas stimmt hier nicht. Findest du die fünf Fehler?

Gut versteckt!

Es ist ein wunderschöner Tag auf dem Reiterhof und die Ponys spielen auf der Weide Verstecken. Pony Wuschel ist mit Suchen dran. Er späht nach links, er schaut nach rechts. Wo sind Hofhund Fiete, Pony Wölkchen, Henne Odina und Kater Spik bloß?

Kannst du sie finden? Kreise sie ein. Falls du Tipps brauchst, findest du diese in der Geschichte. Lies einfach weiter.

Wuschel schaut hinter jedem Baum und Strauch nach. Er dreht jeden Grashalm um. Da, hinter dem Wassertrog – lugt da nicht eine Pfote heraus?

Oh, hoppla. Der Misthaufen kichert. Wer sitzt denn da?

Und seit wann hat ein Apfelbaum Pferdeschwänze?

Nun fehlt nur noch Spik.

„Gefunden!", kräht Wuschel und tanzt vor Freude im Kreis.

Na, hast du auch alle seine Freunde entdeckt?

Beste Freunde

Zeichne das obere Bild in den Kästchen unten nach und male es anschließend bunt aus.

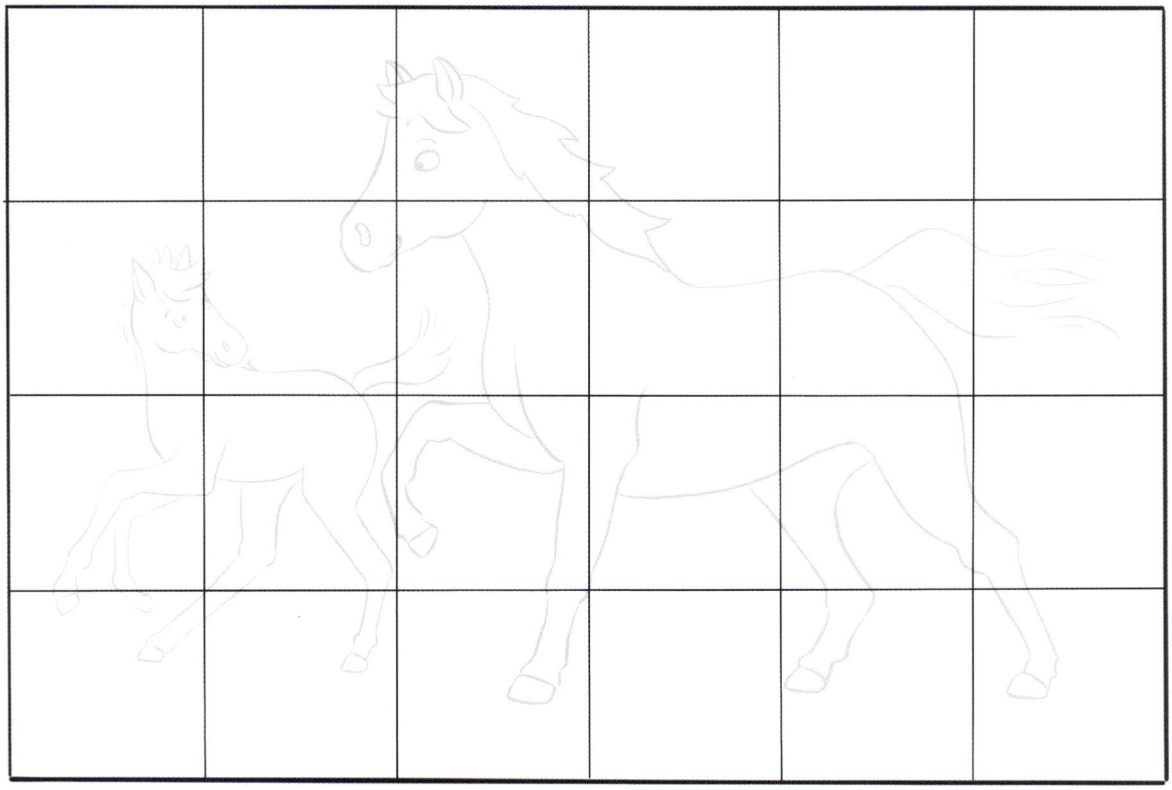

So ein Durcheinander (1)

„Hoppla!", ruft Wuschel. „Hier ist aber etwas ziemlich durcheinandergeraten. Kannst du Ordnung in die Puzzelteile bringen?"

Schneide die Puzzelteile aus und lege sie auf der nächsten Seite richtig zusammen. Wenn alles stimmt, kannst du sie aufkleben.

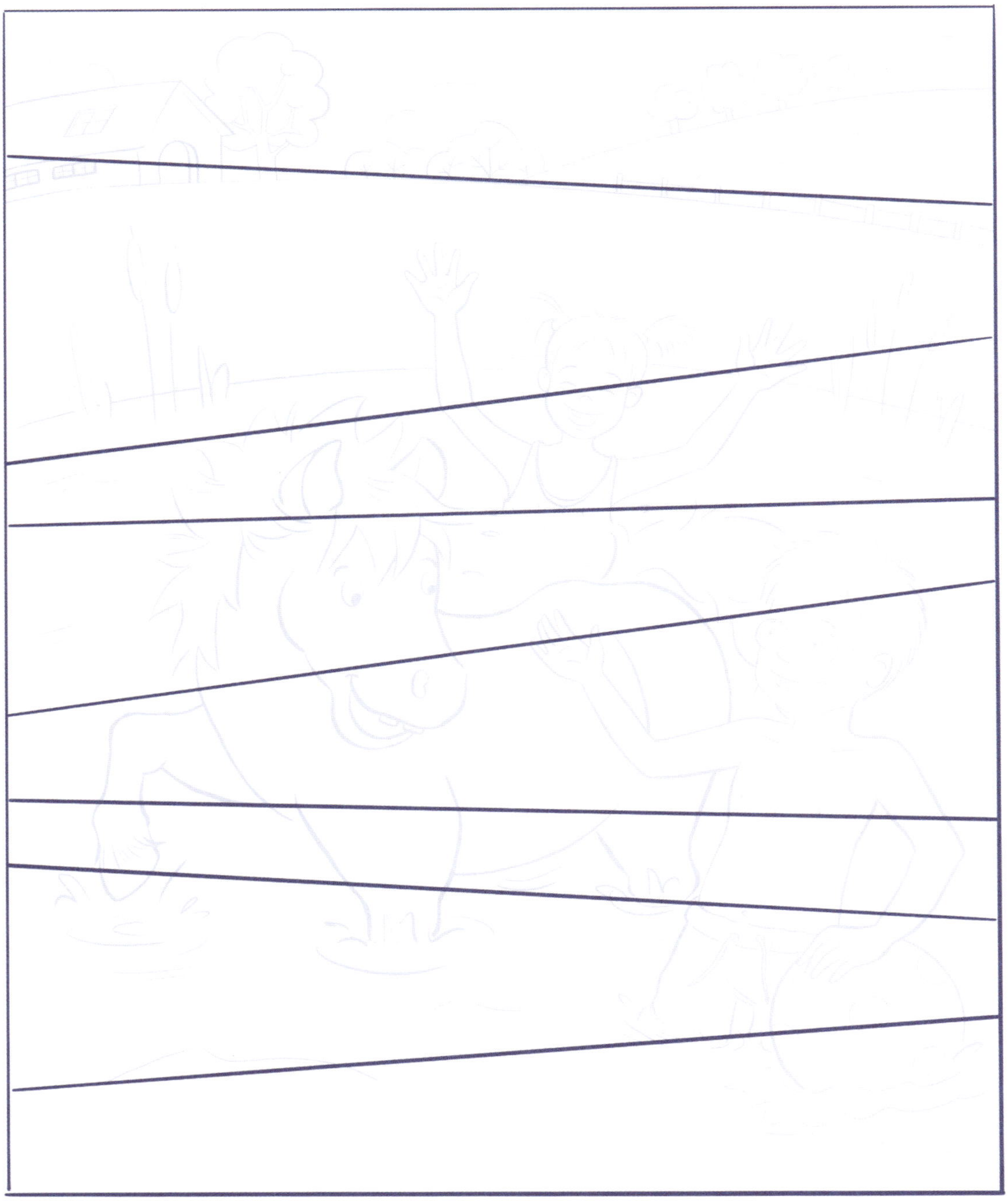

Das verrückte Turnier

Heute findet auf dem Ponyhof ein Wettrennen statt. Na, welches Pony gewinnt wohl? Auf den nächsten beiden Seiten findest du den Spielplan. Schneide beide Hälften entlang der gestrichelten Linie aus und klebe sie von hinten in der Mitte mit Klebefilm zusammen.

Du brauchst: einen Würfel und Spielfiguren. Dafür kannst du dir die Ponyköpfe am Rand ausschneiden und auf Flaschendeckel oder Pappe kleben.

So wird gespielt:

Wer die niedrigste Zahl würfelt, fängt an.

Würfle und rücke die angezeigte Zahl auf dem Würfel vor. Landest du dabei auf einem roten Feld, musst du stehen bleiben. Bleibst du auf einem grünen Feld stehen, darfst du noch zwei Felder weiter vorziehen.

Rotes Feld, Hecke: Dein Pony hat Angst vor der Hecke. Du musst zwei Felder zurück.

Rotes Feld, Bach: Oje, dein Pony ist wasserscheu. Es dauert eine Runde, bis du es überredet hast, den Bach zu durchqueren.

Rotes Feld, Apfelbaum: Hmm, die Äpfel duften verführerisch. Dein Pony will sich erst satt essen. Mache eine Runde Pause.

Grünes Feld, Biene: Huch, dein Pony hat sich vor der Biene erschreckt und macht einen Hopser. Ziehe zwei Felder vor.

Grünes Feld, Strohballen: Oh, dein Pony wittert den Stallduft und galoppiert nach Hause. Rücke drei Felder vor.

START

ZIEL

Streifenpuzzle

Wuschel und seine Freunde galoppieren über den Strand. Die Teile des Bildes sind durcheinandergeraten. Schneide sie aus, ordne sie und klebe die Teile dann oben ein.

Über-Eck-Lesezeichen

Du brauchst: Schere, Kleber, Stifte, ein Blatt Papier.

1. Nimm ein quadratisches Papier oder schneide buntes Papier zum Quadrat.

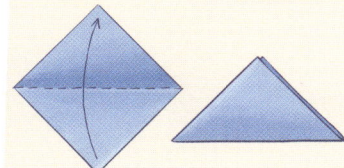

2. Falte das Quadrat in der Mitte zum Dreieck.

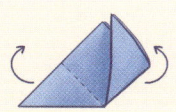

3. Klappe die linke und rechte Ecke hoch, sodass ein kleineres Quadrat entsteht.

4. Falte alles wieder auseinander, sodass wieder ein Dreieck entsteht. Klappe die beiden oberen Ecken jeweils nach außen unten.

5. Falte die linke und rechte Ecke wieder hoch, knicke sie und stecke sie in die Öffnung. Nun hast du eine Tasche.

6. Du kannst das kleine Dreieck noch an der Tasche festkleben.

7. Male nun Augen, Gesicht und Mähne auf. Fertig ist dein Pony-Lesezeichen, mit dem du deine Seite im Buch markieren kannst: Stecke das Lesezeichen einfach oben auf die Ecke der Seite.

Du brauchst:

3 Toilettenpapierrollen, Kleber, Schere, Stifte oder Tonpapier. Kressesamen und Watte für eine verrückte Mähne.

Schneide das Tonpapier auf die Höhe der Toilettenpapierrollen zu. Wickle es um die Toilettenpapierrollen und klebe es fest. Du kannst die Rollen aber auch mit Wasserfarben anmalen.
Klebe deinem Pony ein Gesicht auf und klebe es an den oberen Rand der Papierrolle.
Klebe dem Einhorn ein Horn auf. Schneide die Flügel aus und klebe sie hinten an das Pegasus.

Nun kannst du Stifte oder andere Dinge in den Rollen aufbewahren. Oder du steckst Watte hinein, gibst Kressesamen darauf und lässt deinem Pferdchen eine wilde Mähne wachsen. Du kannst auch Wollfäden als Mähne ankleben.

Dein Schreibtisch-Pony bewahrt alle deine Schätze sicher auf.

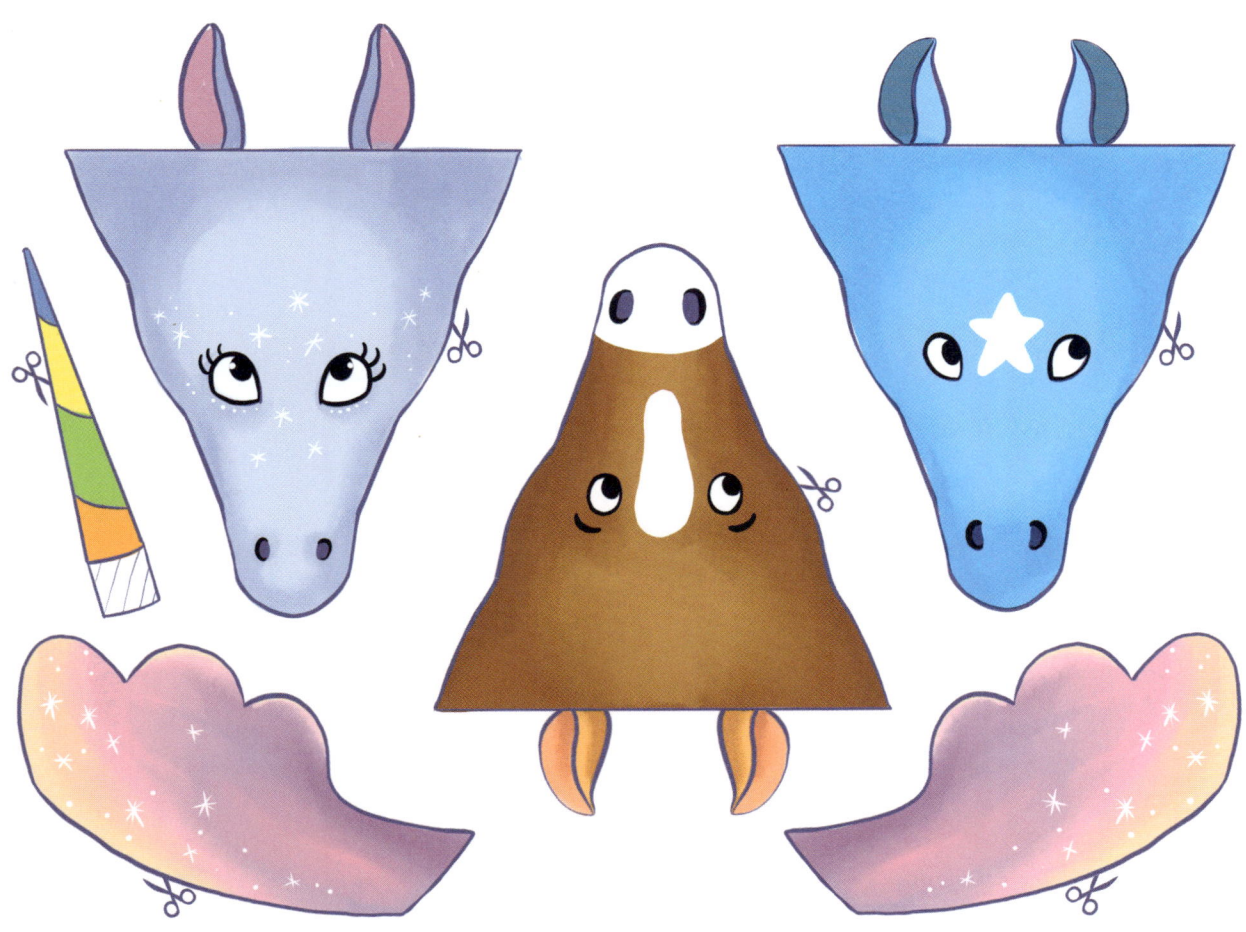

Wuschels Extratipp: Damit die Stifte unten nicht herausfallen, kannst du die Rollen auf ein Stück Pappe, einen grün angemalten Schuhkartondeckel oder grünes Tonpapier kleben. So hast du gleich noch eine Weide für deine Ponys.

„Hmm, lecker!", denkt sich Wuschel, als er den knallroten Apfel sieht. „Den schnapp ich mir."

Oje, der Apfel ist gar nicht so leicht zu bekommen. Kannst du Wuschel helfen?

Du brauchst: 1 Joghurtbecher, einen alten Schnürsenkel, eine große Holzperle und eine kleine Holzperle, Farbe nach Wahl, Schere.

Male den Becher an. Danach kannst du ein Gesicht auf den Becher malen. Oder schneide die Vorlagen aus und klebe sie um den Becher.

Pikse mit einer Schere ein Loch in den Boden des Bechers. Lass dir dabei von einem Erwachsenen helfen.

Fädele nun den Schnürsenkel durch das Loch und sichere ihn von innen mit der kleinen Perle, indem du diese auf den Schnürsenkel ziehst und diesen unter der Perle verknotest.

An das andere Ende des Schnürsenkels bindest du die große Holzperle.

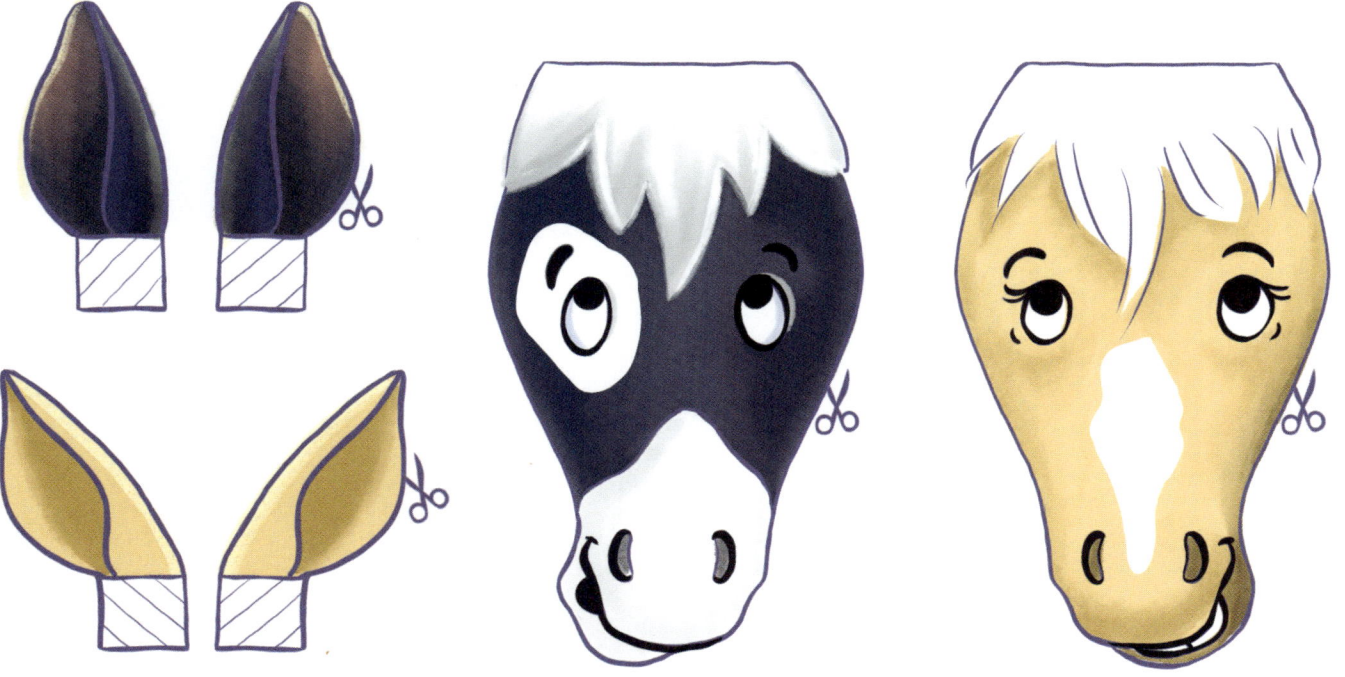

Die Uhr zum Wiehern

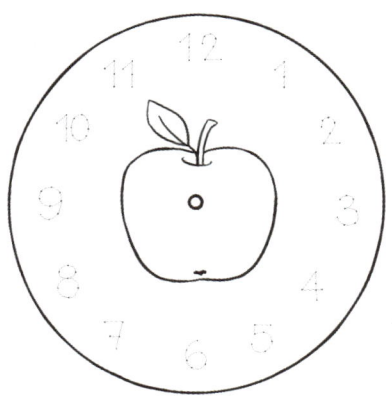

Suche, schreibe und finde:
Trage die Zahlen in der Uhr ein, indem du
die Punkte nachfährst und sie verbindest.
Finde die Zahl 10 auf dem Zifferblatt.
Finde die Zahl 2 auf dem Zifferblatt.
Finde die Zahl 6 auf dem Zifferblatt.
Finde die Zahl 12 auf dem Zifferblatt.

„Hey, mein Bäuchlein knurrt", wiehert Wuschel. „Ich habe Hunger." – „Du musst dich
noch ein wenig gedulden", sagt Pferde-Oma Suse. „Essen gibt es erst um zehn Uhr."
„Und wann kommen Lilly und Ole endlich für unseren Ausritt?", will Wuschel
wissen. „Ich freue mich schon auf eine schöne Kuschelbürstenzeit."
„Um halb drei Uhr", erklärt Suse.
„Och menno, das dauert ja noch eine grashalmlange Ewigkeit." Wuschel seufzt
und schaut auf die Uhr. „Ha, ich habe eine Idee. Ich stelle die Uhr einfach vor. Dann
bekomme ich eher etwas zu essen und Lilly und Ole sind auch eher da." Er grinst
und reibt sich die Hufe.
Dann streckt er sich und
will die Zeiger umstellen.
Kannst du ihm
dabei helfen?

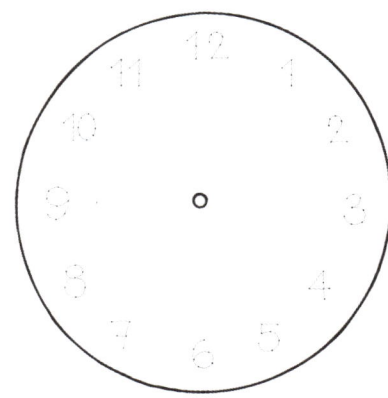

Wo müssen die Zeiger
stehen, um zehn Uhr und
halb drei anzuzeigen?
Male sie in die Uhren ein.

79

Hobby-Horsing:

Ein Pferd im Zimmer? Das ist möglich – mit deinem selbst gebastelten Steckenpferd. Damit kannst du drinnen oder draußen reiten und sogar bei der nächsten Geburtstagsfeier oder wenn Besuch kommt, ein Turnier austragen.

Du brauchst: 1 große Socke, einen Holzstiel, Füllwatte, Wolle oder Filz für die Mähne, Nähnadel oder Kleber, Knöpfe oder Filz für die Augen, Schere, Perlen zum Verzieren.

Stopfe die Socke mit Füllwatte aus. Stecke den Holzstiel in die Socke und verschnüre sie mit einem Wollfaden, sodass der Pferdekopf nicht verrutschen kann.

Schneide aus Wolle oder Filz passende Stücke für die Mähne und befestige sie mit doppelseitigem Klebeband an der Socke. Wenn du willst, kannst du die Stücke auch annähen. Verknote die Enden, damit sie nicht durchrutschen. Verziere die Mähne, wenn du willst, mit bunten Perlen.

Befestige die Knöpfe oben auf der Socke als Augen. Oder schneide kleine Kreise als Augen aus, die du mit doppelseitigem Klebeband befestigst. Wenn du willst, kannst du deinem Pferd noch Nüstern aus kleinen Kreisen aufkleben.

Schneide aus dem Filz für jedes Ohr zwei Dreiecke. Nähe sie an den Seiten zusammen und stopfe sie anschließend mit Füllwatte. Klebe oder nähe die Ohren nun an.

Zum Abschluss kannst du noch eine Kordel als Zaumzeug um den Pferdekopf schlingen.

Fertig ist dein Hobby-Horse.

Nun kannst du noch Hindernisse aufbauen und mit deinen Freunden ein Turnier veranstalten. Viel Spaß!

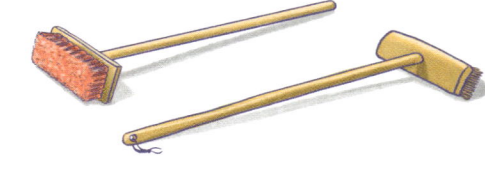

Das Zimmerturnier

Vorschläge für Hindernisse und Aufgaben:

Lege einen Besenstiel auf den Boden, der übersprungen werden muss.
Es können auch mehrere sein, zum Beispiel zwei hintereinander.
Das macht es schwieriger.

Breite drei gefaltete Handtücher als Wassergraben aus, über die
man vorsichtig balancieren muss.

- Suche nach einem Apfel und bring ihn mit ins Ziel.
- Lege gebastelte Hufeisen auf den Boden, die im Slalom durchritten werden müssen.
- Drehe eine Pirouette.
- Schnapp dir die Karotte, die an einem Seil baumelt.
- Galoppiere ins Ziel. Wer ist am schnellsten?

„Hey, ich bin ja ganz durchsichtig geworden!", beschwert sich Wuschel. „Hast du Lust, eine Runde mit mir zu spielen? Wenn du mich würfelst, werde ich wieder sichtbar."

So wird gespielt:

Du kannst mit den beiden Bildern zwei Mal alleine oder ein Mal zu zweit spielen. Jetzt brauchst du nur noch einen Würfel. Unten siehst du, bei welcher Zahl du welchen Körperteil ausmalen darfst.

Wem gelingt es, Wuschel zuerst wieder sichtbar zu machen?

Pferde-Mandala

Wuschels Wissensmöhre:

Hey, lass uns ein Mandala malen. Das ist ein Kreisbild. Formen und Muster umschließen kreisförmig einen Mittelpunkt. Mandala-Muster kannst du auch in der Natur finden, zum Beispiel bei einem Spinnennetz. Oder bei einer Sonnenblume. Oder sogar bei einer Schneeflocke. Die ersten Mandala-Zeichnungen gab es übrigens bereits in der Steinzeit. Kannst du dein Mandala schön bunt ausmalen?

84

Pony-Pinnwand

Pferde haben ein prima Gedächtnis. Um sich Sachen noch besser zu merken, kann aber eine Pinnwand hilfreich sein.

Du brauchst: ein großes Stück Pappe oder Tonkarton, Holzklammern, Kleber, Tonpapier, Schere, Schnur.

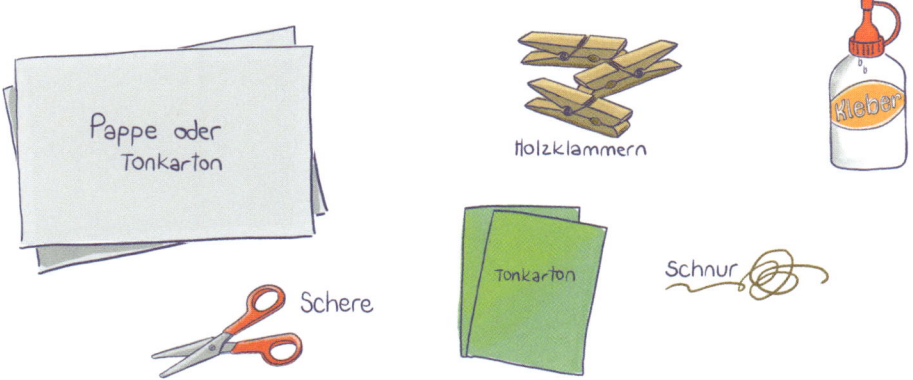

Male den Karton grün an. Verteile ein paar Grasbüschel darauf, indem du kleine Rechtecke aus Tonpapier ausschneidest und sie fransig einschneidest. Lasse nun deine Pferde auf der Weide grasen. Schneide dazu die Pferde aus und klebe sie auf die Holzklammern.

Verteile die Klammern kreuz und quer auf der Kartonweide und klebe sie fest. Nun kannst du deine Pinnwand aufhängen und in die Klammern kleine Zettel stecken.

Fingerpferde

„Meine Freunde und ich sind überall dabei!", wiehert
Wuschel. „Zieh uns einfach über deine Finger."

So gehts:

Schneide die Vorlage aus.

Schneide die vier Kreise für deine Finger aus. Am besten lässt du dir
dabei von einem Erwachsenen helfen.

Klebe den Kopf an den Körper. Befestige Schweif und Mähne.

Wenn du willst, kannst du dein Pony noch mit einem Sattel verzieren.

Aufgeklebte Wollfäden lassen Mähne und Schweif noch echter wirken.

Hufeisen – ein Glücksbringer für dich

Hufeisen bringen Glück, heißt es. Aber nur, wenn die Öffnung nach oben zeigt, sonst fällt das Glück heraus.

Du brauchst: Kleber, Schere, Wollfaden und Tonkarton nach Wunsch.

Schneide die Vorlage aus oder übertrage sie auf Tonkarton. Verziere dein Hufeisen nach Wunsch, zum Beispiel mit Buntstifen oder den kleinen Glücksbringer-Symbolen. Du kannst einen Wollfaden zum Befestigen ankleben oder mehrere Hufeisen zum Mobile zusammenfügen, indem du sie an Äste oder Holzstangen bindest. Auch deine Freundinnen und Freunde oder Familienmitglieder freuen sich sicher über einen kleinen Glücksbringer, wenn ein wichtiger Tag ansteht.

Lustige Lesezeichen

Hast du eine Lieblingsstelle in diesem Buch? Mit dem Lesezeichen kannst du sie dir gut merken. Oder du steckst es an die Seite, an der du aufgehört hast. Los gehts.

Du brauchst: Schere, Kleber, Stifte, bunte Wollfäden oder Papierstreifen.

Schneide die Vorlage aus oder pause sie ab. Male den Kopf des Einhorns an. Klebe den Kopf an den rechteckigen Streifen. Klebe deinem Einhorn eine bunte Mähne aus Wollfäden an den Kopf, die du zwischen die Seiten legen kannst. So kannst du dir sogar mehrere Lieblingsseiten merken.

KLEBEFLÄCHE MÄHNE

KLEBEFLÄCHE LESEZEICHEN

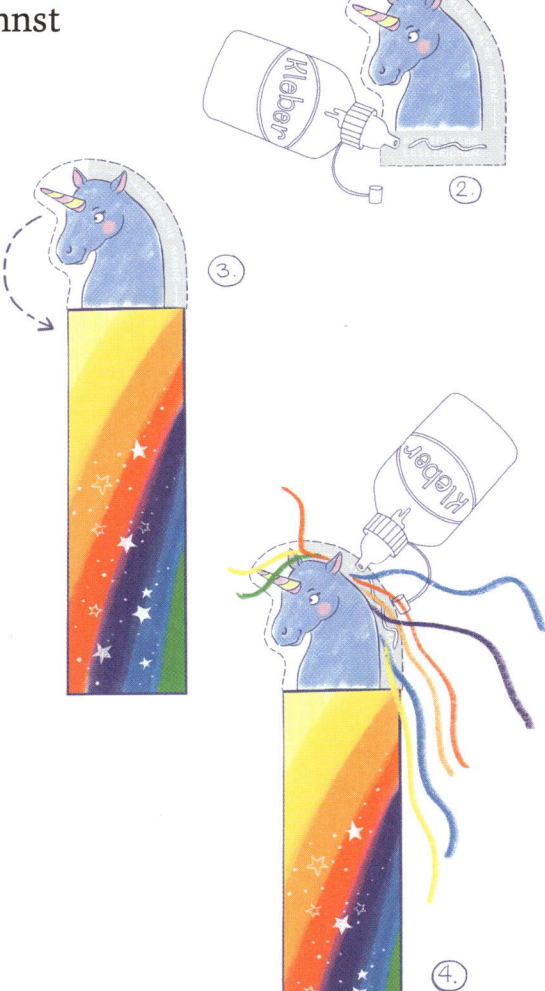

91

KLEBEFLÄCHE MÄHNE

KLEBEFLÄCHE
LESEZEICHEN

Zu Hause ist, wo mein Herz ist

Ich liebe meine Familie, aber manchmal brauche ich auch meine Ruhe. Du auch? Dann hab ich das passende Türschild für dich. Damit es länger hält und stabiler ist, kannst du einen Karton in der passenden Größe zurechtschneiden und Vorder- und Rückseite daraufkleben.

Willkommen in meinem Stall!

hier wohnt: _____

Bitte nicht stören,
ICH TRÄUME
vom nächsten Ausritt!

Hier wohnt:

zZzZz

Dein eigener Ponyhof

Hol dir Wuschel und seine Freunde in dein Zimmer. Schneide sie an den gestrichelten Linien aus. Schneide die weißen Streifen unter den Figuren in der Mitte ein und falte je eine Lasche nach vorne und hinten: Jetzt können die Figuren stehen!

Nach dem Spielen kannst du deine Pferde in den Stall bringen. Dazu brauchst du nur einen Schuhkarton (siehe S. 99). Zeichne eine Boxentür an die Seite und schneide sie vorsichtig ein. Bitte dabei einen Erwachsenen um Hilfe. Verziere den Karton-Stall nach Wunsch mit Herzen, Sternen oder Blumen oder dem Zubehör von diesen Seiten. Die Innenseite des Deckels kannst du grün anmalen, als Weide.

PUTZPLATZ

TRIXI

In die Reihe tanzen

Kennst du Domino? Das kannst du auch mit Wuschel und seinen Freunden spielen. Die Anleitung findest du auf der nächsten Seite.

Schneide die Kärtchen aus. Falls du möchtest, kannst du sie auch noch auf Pappe oder Tonkarton kleben, dann werden sie etwas fester. Ziehe ein Kärtchen aus der Menge und lege es in die Mitte. Verteile anschließend 5 Kärtchen an alle, die mitspielen wollen. Die restlichen Kärtchen kommen in die Mitte.

Die oder der Jüngste fängt an.
Lege nun ein Kärtchen aus deinem Stapel ab, wenn es an das
ausgelegte Kärtchen passt. Kannst du nicht legen, musst du
ein Kärtchen ziehen. Dann ist der oder die Nächste dran.
Wer zuerst alle Kärtchen ablegen konnte, hat gewonnen.

Du möchtest eine Pferdeparty veranstalten? Bastele für deine Freunde und Freundinnen doch mal eine ganz besondere Einladungskarte.

Du brauchst: Wollfaden, Karton, Buntstifte.

Schneide die Wimpelformen aus. Lege einen Faden auf die Rückseite der Wimpel, sodass er links und rechts ein Stück herausschaut. Klappe die obere Kante der Wimpel um den Faden um und klebe sie fest, damit der Faden hält. So entsteht eine kleine Girlande.

Falte einen Tonkarton in Größe DIN A4 in der Mitte und klebe das eine Fadenende der Wimpel auf die linke Seite der Karte und das andere auf die rechte Seite. Wenn die Karte aufgeklappt wird, spannt sich deine Wimpelgirlande. Möchtest du mehrere Karten basteln, nutze die Wimpelformen als Schablone.

Auf einer gelungenen Geburtstagsfeier müsst ihr euch zwischendurch auch stärken! Wie wäre es mit einer Leckerschmecker-Kette?

Dazu brauchst du: ca. 50 cm Bindfaden pro Kind, Nähnadel, Obst (zum Beispiel Himbeeren, Brombeeren, Weintrauben, klein geschnittene Äpfel), Mini-Marshmallows oder Popcorn.

Fädele den Faden durch die Nadel. Spieße mit der Nadel jeweils ein Stück Obst und danach ein Mini-Marshmallow oder Popcorn auf. Lasse dir beim Auffädeln von einem Erwachsenen helfen.

Statt Faden kannst du auch Holzspieße verwenden. Und du kannst natürlich auch Trockenobst wie Bananenchips, Rosinen oder Datteln, Gummibärchen oder Gemüsestücke wie Gurke und Karottenscheiben auffädeln oder aufspießen, wenn du magst.

107

Suse ist mal wieder im Stehen eingeschlafen und schnarcht selig. Wovon träumt sie wohl? Verbinde die Zahlen und male aus.

Würfel-Tiere (1)

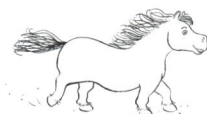

„Da muss doch noch eine Karotte sein!“, ruft Wuschel. Er kriecht in die Kiste und macht sich ganz klein. Oben guckt sein Kopf heraus und hinten sein Schweif. „Mhmmm, lecker“, schmatzt er und mampft genüsslich den Karottenschnipsel. „Pahahaha.“ Hofhund Fiete kugelt sich vor Lachen. „Du siehst ja aus wie ein Würfel.“

Schneide die Vorlage aus. Klebe sie an den Linien zum Würfel zusammen.

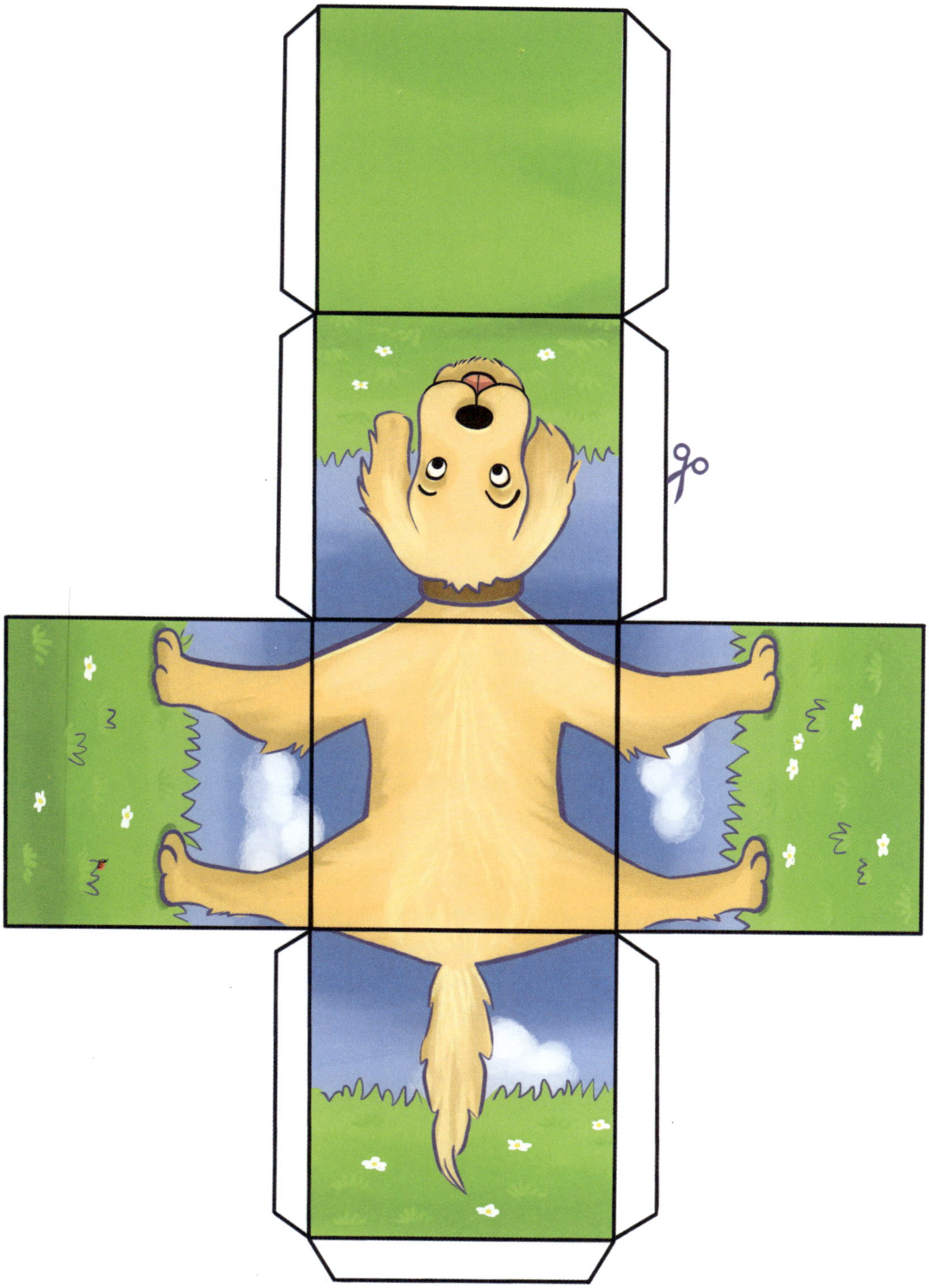

Würfel-Tiere (2)

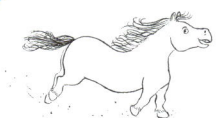

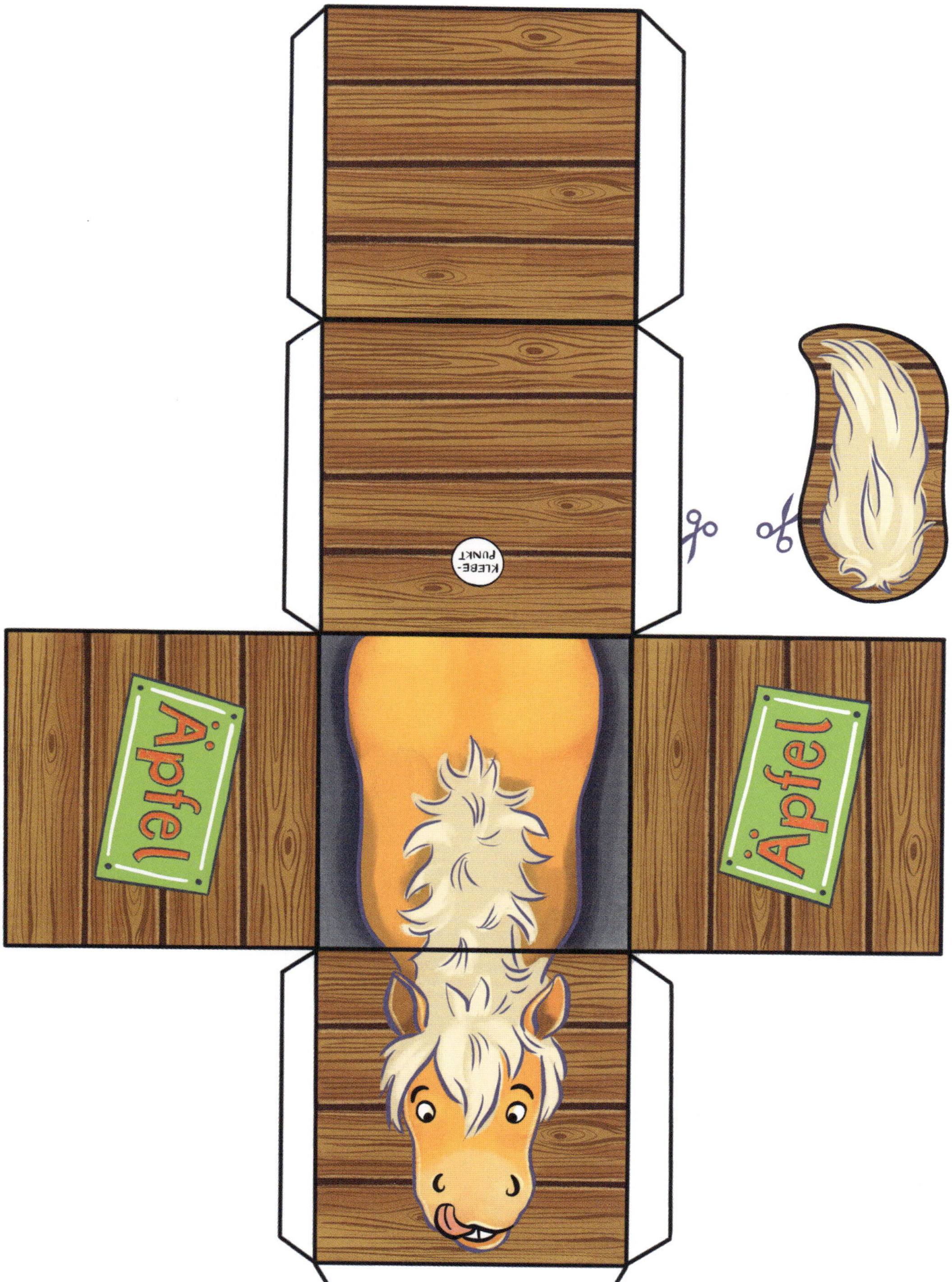
KLEBE-PUNKT
Äpfel
Äpfel

Original und Fälschung

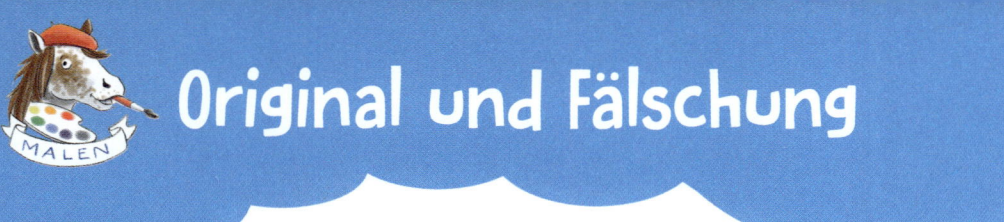

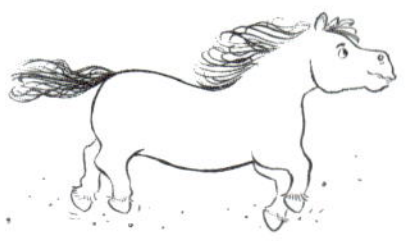

Wuschel hat ein Bild gemalt. Doch dabei haben sich fünf Fehler eingeschlichen.
Kannst du sie finden? Kreise sie ein!

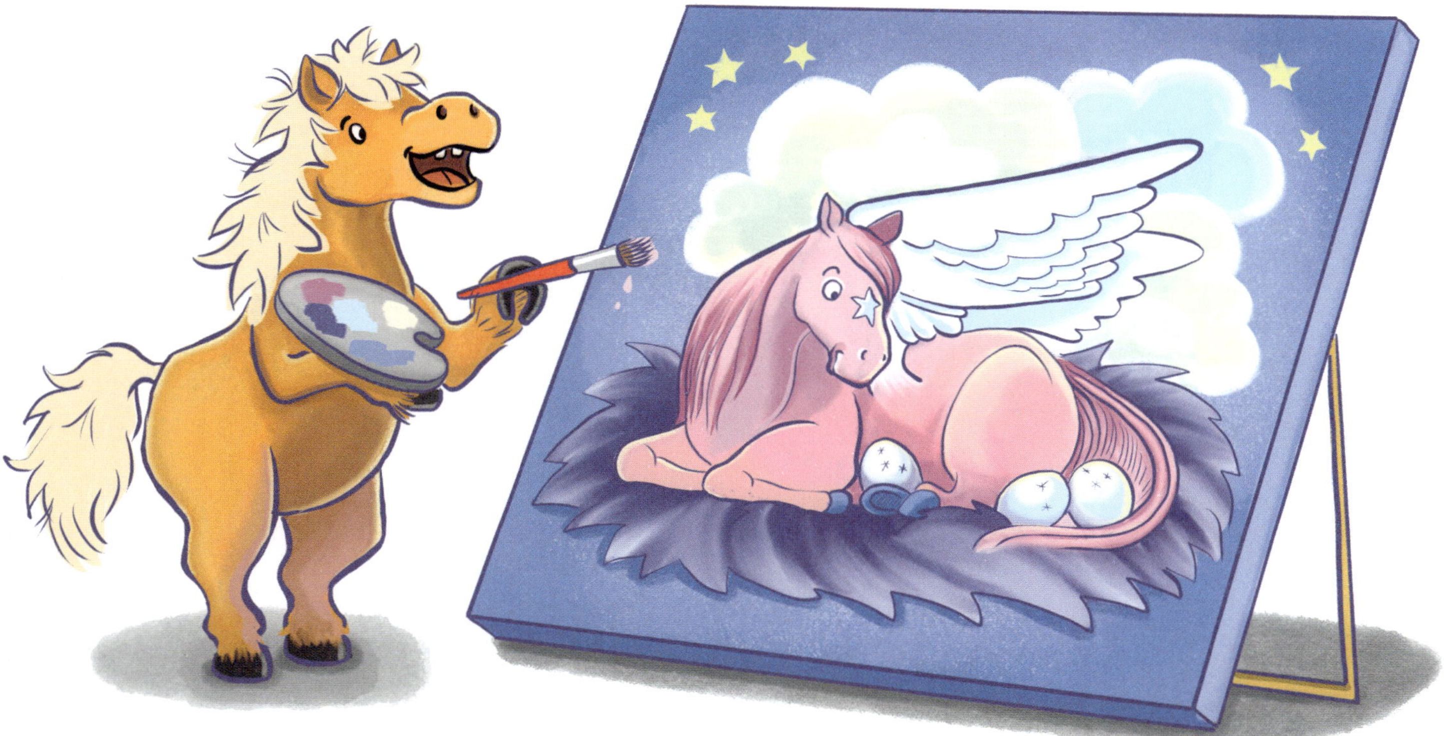

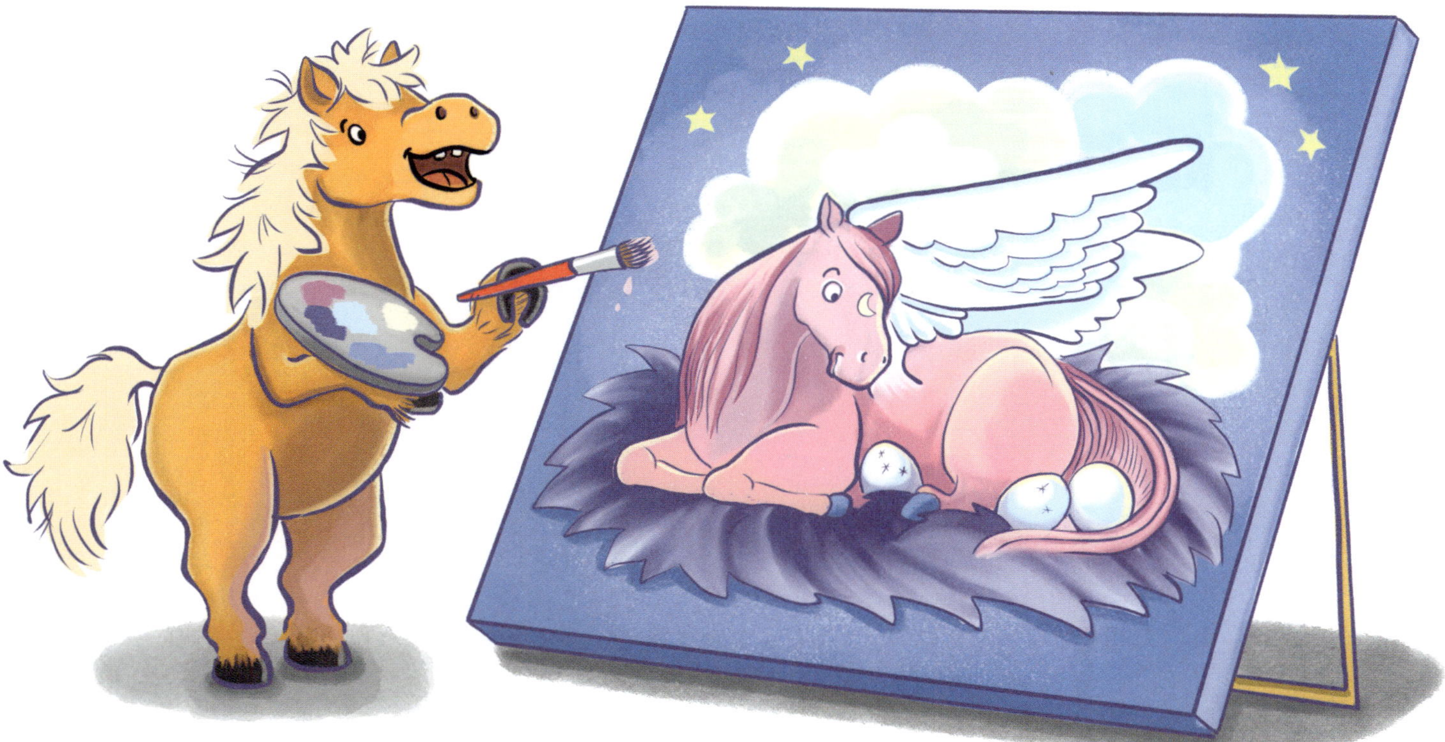

„Oho, kannst du mir mal mein Nasenfahrrad putzen?", fragt Oma Suse. „Die Gläser sind wohl schmutzig, denn ich sehe alles doppelt." Sie kneift die Augen zusammen und schüttelt den Kopf. Dabei rutscht ihr fast die Brille von der Nase.

„Haha, du bist lustig." Wuschel wiehert fröhlich. „Ist doch klar, dass wir auf der Seite doppelt zu sehen sind. Uns gibt es nämlich als Memo-Spiel. Dafür braucht man immer zwei gleiche Karten."

„Ein Spiel?" Oma Suse scharrt mit dem Huf. „Das ist ja ein Ding. Wollen wir das gleich mal ausprobieren? Wer spielt mit?"

„Oh ja!", kläfft Fiete. „Ich will mitmachen. Darf ich anfangen?" Er greift mit der Pfote nach einer Karte. „Hoppla, ich weiß ja gar nicht, wie das geht …"

„Kein Problem. Das ist ganz einfach!", erklärt Wuschel. „Zuallererst müssen wir die Karten ausschneiden. Und dann …"

So wird gespielt:

Mische die Karten und lege sie verdeckt aus. Wer dran ist, dreht zwei Karten um. Stimmen sie überein, darf man die Karten behalten und noch mal zwei umdrehen. Sind sie unterschiedlich, geht es weiter in der Runde.

Wuschels Wissensmöhre:

Das Gehirn eines Pferdes ist klein. Es wiegt nur ungefähr so viel wie ein Päckchen Butter. Unseres wiegt dagegen drei Päckchen Butter. Und trotzdem haben Pferde und Ponys ein echt prima Gedächtnis. Sie erinnern sich an dein Gesicht und können sich deine Stimmung merken, sogar auf Fotos. Deshalb solltest du deinen Besuch immer mit einem schönen Erlebnis und guter Laune beenden. Für Pferde und Ponys wäre so ein Memory-Spiel daher so leicht wie ein Klacks Sahne.

Wer sammelt am meisten?

117

Rosetten basteln

Auf Reitturnieren können die Reiter und Reiterinnen Rosetten als Auszeichnung gewinnen. Bastle deine eigenen Rosetten und verschenke sie an Menschen, die eine Auszeichnung verdienen!

So gehts:

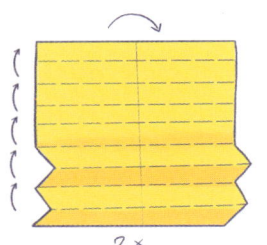

2 x

~ = KLEBEN

Du brauchst zwei bunte quadratische Blätter und Kleber.
Falte die Blätter zu Fächern.
Klebe die Fächer an der Innenseite aneinander.
Wähle dein Rosettenmotiv aus den Vorlagen und schneide sie aus. Du brauchst zwei Bilder-Kreise.
Klebe die Kreise vorne und hinten auf deine Fächer.
Schneide Streifen aus Papier oder Schleifenband und klebe sie hinten auf den Kreis, um deine Rosette zu verzieren.

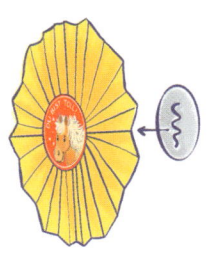

119

URKUNDE

Herzlichen
GLÜCKWUNSCH

Name:

Als Anerkennung für das fleißige
Malen, Basteln und Rätseln erhältst
du das Wuschel-Ponyhof-Diplom.

Du bist
superduper-
fabulötastisch!

Lösungen

S. 6/7 Rätselgeschichte:
Ein Tag auf dem Reiterhof

S. 10 Aufgefuttert
Wuschel darf Möhren, Äpfel, Heu,
Löwenzahn und Kraftfutter fressen.

S. 11 Rätselgeschichte: Der Apfeldieb
Die Elster hat den Apfel geklaut.

S. 13 Nanu, was fliegt denn da?
Zwei Kinder fliegen auf einem Pegasus.

S. 14/15 Rätselgeschichte: Einhornbesuch
Es stehen 5 Sterne am Himmel.

S. 16/17 Sattle dein Pony

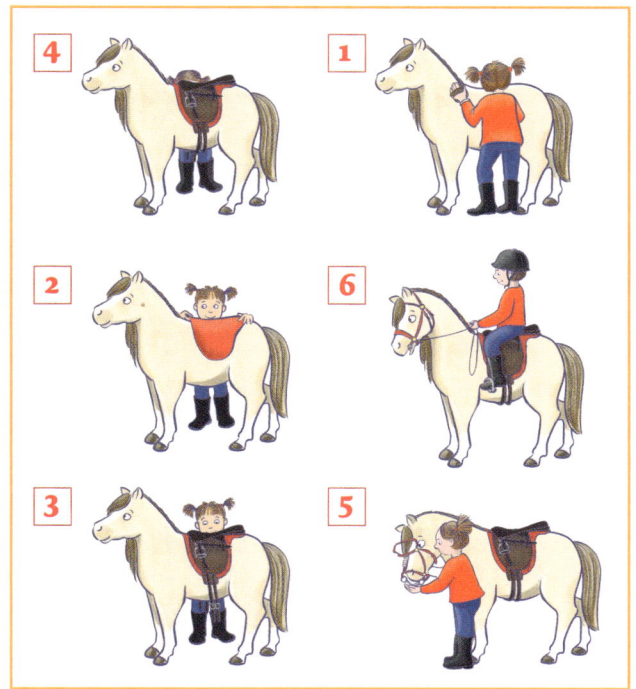

123

Lösungen

S. 18 Pferdeflüstern – die Ohrensprache

 „Juchhu, wie schön, dass du hier bist."

 „Kasimir hat mir schon wieder die letzte Möhre geklaut. Ich bin soo sauer. Komm mir jetzt bloß nicht zu nahe."

 „Was ist das für ein Geräusch? Eine Biene? Oh, und was klappert da drüben? Soll ich bleiben oder besser wegrennen?"

 „Ich mag dich und höre dir gut zu, was du mir sagst."

 „Uuuaaah, bin ich müde. Ein bisschen Schlaf tut jetzt ... zzz-schnorchel ..."

 „Oh nein, ist so ein Mensch gefährlich? Ich glaub, ich lauf lieber weg."

S. 19 Ganz schön stinkig

S. 21 Welches Pferd bist du?

Mein Fell ist weiß wie Schnee. Ich bin ein Schimmel.

Ich bin klein, aber oho. Mein Fell hat Flecken. Deshalb nennt man mich auch Schecke.

Ich bin schlank und schnell. Ich bin ein Vollblut. Meine Fellfarbe ist schwarz wie die Nacht. Deshalb nennt man mich auch Rappe.

Ich bin groß und schwer. Ich kann gut Kutschen ziehen. Ich bin ein Kaltblut. Meine Fellfarbe ist braun. Nenn mich Brauner.

Meine Mähne sieht aus wie eine Bürste und mein Fell ist hell wie Sand. Ich bin ein Fjordpferd. Meine Fellfarbe nennt man Falbe.

Ich bin weiß und habe ein glitzerndes Horn. Meine Mähne ist regenbogenbunt und ich kann zaubern, wenn ich will. Weißt du, wie ich heiße?

Mein Fell ist rotbraun wie ein Fuchs. Deshalb heiße ich auch so.

S. 22 Bilder-Sudoku

S. 24/25 Rätselgeschichte: Die Schatzsuche

Kater Spik hat 10 Leckerli-Päckchen versteckt.

S. 26 Weidezeit

124

Lösungen

S. 30 Sattel-Durcheinander

S. 31 Zählspaß – wer weiß es?

3 Pferde haben eine Blesse.
28 Beine sind auf dem Bild insgesamt zu sehen (Menschen und Tiere).
10 Möhren sind auf dem Bild zu sehen.
Ole hat 5 Strohballen aufgestapelt.
1 Pony (Wuschel) steht auf dem Hof.

S. 32 Frisch geputzt

S. 33 Bilder-Sudoku: Futter

S. 36/37 Pferde-Wissen für Schlaue:

Das größte Pferd heißt Big Jake. Es ist so hoch wie ein Schrank.

Das kleinste Pferd ist so groß wie ein Blatt Papier.

Pferde haben viel Durst. Sie trinken bis zu 60 Flaschen Wasser pro Tag.

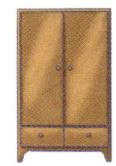

Pferde können hoch springen, und zwar so hoch wie ein Schrank.

Pferde müssen jeden Tag mehrmals aufs Klo, ungefähr alle 3 bis 4 Stunden. Am Tag kommen deshalb bis zu 25 Kilo Pferdeäpfel zusammen.

Pferde können sehr gut sehen. Wie Eulen können sie den Kopf fast um 360 Grad drehen. Nur von einer bestimmten Seite können sie einen nicht erkennen und erschrecken sich leicht. Deshalb solltest du dich dem Pferd niemals von vorne oder hinten nähern.

Pferde knabbern aneinander. Daher solltest du dein Pferd, wenn du es loben willst, lieber kratzen. Das heißt in Pferdesprache: Ich mag dich.

Wenn ein Pferd nass ist, trocknest du es am besten mit Stroh.

Lösungen

S. 42 Welcher Schatten gehört zu wem?

S. 43 Hier fehlt doch was?

S. 44–47 Rätselgeschichte: Lilly macht Theater

S. 48 Alles Verwandte

S. 49 Die Meisteresser
Wuschel hat mehr Äpfel als
Suse gegessen:
Er hat 14 Äpfel verschmaust, Suse 13.

S. 52 Zeig her deine Füße

Lösungen

S. 53 Wer macht was?

Ich reite am liebsten im Westernstil.

Ich mag Akrobatik und voltigiere gern.

Sir Lanzelot kann die schönsten Pirouetten. Er ist das beste Dressurpferd.

Über Hindernisse springen – das macht Spaß.

S. 54 Wo ist Palles Hut?

S. 55 Fliegenwolke
Es sind 22 Fliegen und 2 Schmetterlinge.

S. 56/57 Noch mehr Pferde-Wissen für Schlaue

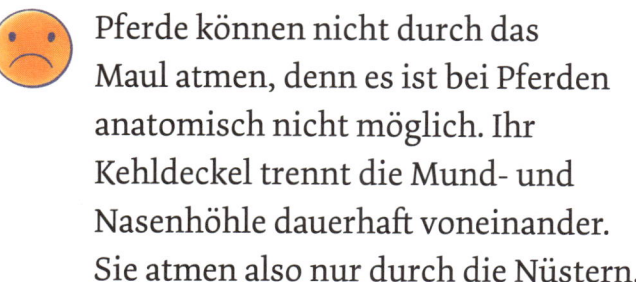

Pferde können nicht durch das Maul atmen, denn es ist bei Pferden anatomisch nicht möglich. Ihr Kehldeckel trennt die Mund- und Nasenhöhle dauerhaft voneinander. Sie atmen also nur durch die Nüstern.

Pferde schlafen nicht länger als 20 Minuten am Stück. Pferde als Fluchttiere verteilen ihren Schlaf lieber über mehrere Etappen. Zwischendurch dösen sie auch mal, allerdings im Stehen, um stets fluchtbereit zu sein.

Das stimmt. Pferde wissen genau, wer ihnen aus dem Spiegel entgegenschaut. Sie erkennen sich selbst im Spiegel wie auch Elefanten, Schweine, Menschenaffen und Delfine.

Pferde essen pro Tag bis zu 17 Stunden lang! Sie essen öfter statt viel, da ihr Magen die Nahrung nur jeweils in kleinen Mengen verträgt.

S. 58/59 Wer wohnt wo?

Lösungen

S. 60 Hier stimmt was nicht

S. 108 Süße Träume

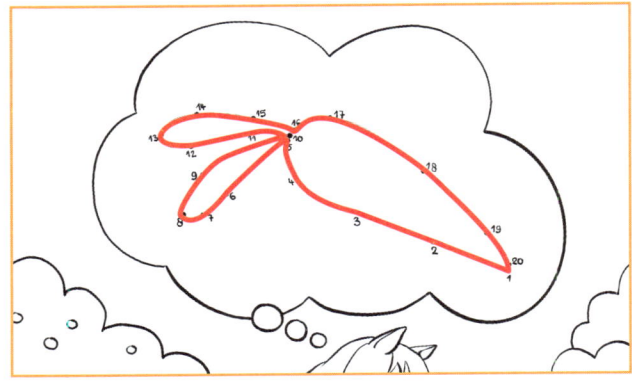

S. 61 Verstecken

S. 113 Original und Fälschung

S. 79 Die Uhr zum Wiehern

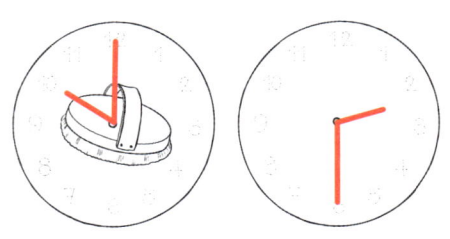

Bis bald auf dem Ponyhof!